FACULTÉ DE DROIT DE PARIS.



# THÈSE

POUR

# LE DOCTORAT

SOUTENUE

par

Photius PHOTIADES,

AVOCAT.

PARIS,
CHARLES DE MOURGUES FRÈRES, SUCCESSEURS DE VINCHON,
Imprimeurs-Éditeurs de la Faculté de Droit de Paris,
RUE JEAN-JACQUES-ROUSSEAU, 8.

1861.

## FACULTÉ DE DROIT DE PARIS.

# THÈSE

## POUR LE DOCTORAT.

DROIT ROMAIN :

**DE LA PUBLICIENNE.**

DROIT FRANÇAIS :

**DE LA PRESCRIPTION ACQUISITIVE DES IMMEUBLES.**

L'acte public sera soutenu, le samedi 24 août 1861,
à huit heures,

Par PHOTIUS PHOTIADES, né à Constantinople.

Président : M. PELLAT, Professeur.

| | | |
|---|---|---|
| SUFFRAGANTS : | MM. ROYER-COLLARD, DURANTON, | Professeurs. |
| | COLMET DE SANTERRE, DEMANGEAT, | Suppléants. |

*Le Candidat répondra, en outre, aux questions qui lui seront faites sur les autres matières de l'enseignement.*

PARIS,
CHARLES DE MOURGUES FRÈRES, SUCCESSEURS DE VINCHON,
IMPRIMEURS-ÉDITEURS DE LA FACULTÉ DE DROIT DE PARIS,
Rue J.-J. Rousseau, 8.

1861.

# DROIT ROMAIN.

---

## DE LA PUBLICIENNE.

(Dig., lib. VI, tit. 2).

### NOTIONS GÉNÉRALES.

Avant d'entrer dans l'examen de la Publicienne, matière qui fait l'objet de cette thèse, il n'est pas hors de propos de dire quelques mots de la revendication, à laquelle la Publicienne se rattache par des liens on ne peut plus intimes.

La *rei vindicatio* est une action réelle arbitraire qui a pour but de garantir le droit de propriété. Elle ne peut être intentée avec succès que par celui qui a la propriété civile ou *quiritaire;* cela résulte de sa formule même : *Si paret rem Auli Agerii esse ex jure Quiritium.*

Peu importe, au reste, que le demandeur ait acquis le

domaine *quiritaire* par un mode du droit civil ou par un mode du droit des gens ; il suffit qu'il en soit investi : « In rem actio competit ei qui aut jure gentium aut jure « civili dominium adquisivit (Paul, loi 23, *De rei vindicatione*). » C'est à tort que quelques auteurs ont considéré les mots *aut jure gentium* comme interpolés dans ce texte de Paul ; M. Pellat a, au contraire, clairement démontré qu'une fois la propriété quiritaire acquise, il n'y avait pas à s'inquiéter, en ce qui touche la revendication, des moyens par lesquels on serait arrivé à cette acquisition.

La formule pétitoire de la *rei vindicatio* était ainsi conçue : *L. Octavius judex esto : si paret fundum Cornelianum quo de agitur, ex jure Quiritium Auli Agerii esse, neque is fundus A. Agerio restituetur, quanti ea res erit N. Negidium A. Agerio condemnato, si non paret, absolvito.* Du contexte même de cette formule, il résulte pour le juge le devoir d'examiner avant tout si le demandeur est propriétaire.

C'est au demandeur, on le sait, qu'incombe la charge de la preuve : *Ubi enim probavi rem meam esse, necesse habebit possessor restituere.*

S'il prétend que l'acquisition a eu lieu par un mode originaire, il lui suffira d'établir le fait de l'occupation, de la spécification etc.; s'il allègue que cette propriété lui a été transférée par un autre, entre autres termes, s'il invoque un mode d'acquisition dérivé, il n'en sera pas quitte en prouvant un mode légal d'acquisition de la propriété en sa personne, il lui faudra encore prouver l'existence du droit de propriété en la personne de ses auteurs. Et rien de plus rationnel : je ne puis, en effet, être propriétaire d'une chose, qu'à la condition que celui qui me l'a transmise l'ait été lui-même ; on ne donne que ce qu'on a, et l'on ne peut transférer une propriété qu'on n'a pas : *Traditio nihil amplius transferre debet vel potest ad eum qui accipit, quam est apud eum qui tradit. Si igitur quis dominium in fundum habuit, id tradendo transfert; si non habuit, ad eum qui accipit nihil transfert* (Ulpien, L. 20, *Dig.*, *De adq. rer. domin.*).

Cette nécessité de prouver le droit de propriété dans la personne de ses auteurs imposerait au demandeur une preuve évidemment impossible, si l'usucapion ne lui venait pas en aide. Grâce à cette institution, il ne sera plus nécessaire de remonter, dans la poursuite de la preuve, jusqu'à l'acquéreur primitif, au premier occupant; il suffira d'établir une possession d'un ou de deux ans dans les conditions requises.

L'usucapion une fois accomplie produit ce résultat, de couvrir les vices d'une acquisition originairement défectueuse ; elle complète la tradition d'une chose *mancipi*, et protège la bonne foi de celui qui a reçu *a non domino* une chose soit *mancipi*, soit *nec mancipi*.

Ce remède du droit civil était encore imparfait et présentait une lacune. Il pouvait, en effet, arriver que l'acquéreur défectueux fût dépouillé de la possession de la chose, avant d'avoir accompli le temps de l'usucapion alors il lui était impossible, d'une part, de la recouvrer par la *rei vindicatio*, puisque le vice de l'acquisition l'avait empêché de devenir propriétaire ; et d'autre part, il lui était impossible également d'invoquer l'usucapion, car il n'avait pas possédé pendant le temps requis. Dans ce cas donc le droit civil ne lui donnait aucun moyen d'agir, et le laissait complètement désarmé.

Le préteur vint cependant au secours de ce possesseur. Mettant de côté cette rigidité des principes du droit civil, incompatibles avec les besoins du plaideur, il porta remède à cet état de choses par la création de la Publicienne, ainsi appelée du nom du préteur qui l'a introduite.

Les motifs qui ont amené le préteur à créer cette nouvelle action en démontrent clairement le but, qui est de protéger efficacement celui qui, étant en train d'acquérir par l'usucapion la propriété d'une chose, en perd la possession avant l'achèvement du temps requis pour l'usucapion. Cette mesure de protection repose sur la fiction que l'usucapion s'est accomplie, tandis qu'en réalité elle n'est que commencée. Le juge n'aura donc pas à s'occuper du temps qu'a duré la possession : le possesseur dépouillé serait-il devenu propriétaire s'il avait possédé pendant le temps requis ? Voilà ce qui doit faire l'objet de son examen et de sa décision.

Il résulte de la description que Gaïus nous donne de la Publicienne, et que nous allons textuellement citer ci-dessous, que cette action compétait non-seulement, comme l'ont cru certains auteurs, à celui qui a reçu de bonne foi, pour tradition *a non domino*, une chose soit *mancipi*, soit *nec mancipi*, mais aussi à celui qui a reçu par tradition du propriétaire une chose *mancipi*. La formule que nous en donne Gaïus s'adapte en effet aussi exactement à l'un et à l'autre cas. Écoutons plutôt Gaïus lui-même : *Datur autem hæc actio ei qui ex justa causa traditam sibi rem nondum usucepit, eamque amissa pos-*

*session petit. Nam, quià non potest eam ex jure Quiritium suam esse intendere, fingitur rem usucepisse, et ita quasi ex jure Quiritium dominus factus esset, intendit hoc modo : judex esto : si quem hominem Aulus Agerius emit, et is ei traditus est, anno possedisset, tum si eum hominem, de quo agitur, ejus ex jure Quiritium esse oportere, et reliqua* (Voy. Instit., Comm. IV, § 36). » Gaïus passe ici sous silence la dernière partie de la formule, qui devait être absolument la même que celle de la *rei vindicatio.*

Il résulte évidemment de cet exposé si clair, que dans la jurisprudence classique, la Publicienne a dû appartenir à tous ceux qui sont *in conditione usucapiendi,* qui ont la *civilis possessio;* par conséquent, aussi bien à celui qui avait la chose *in bonis* qu'à celui qui en avait la *bonæ fidei possessio.* Elle ne différait, à notre avis, d'un cas à l'autre, ni dans sa formule, ni dans son essence, et toutes les hypothèses auxquelles se sont livrés les auteurs qui ne partagent pas cette manière de voir, quelque spécieuses qu'elles paraissent, nous semblent ne reposer sur aucun fondement solide.

Les limites étroites de ce travail ne nous permettent pas de nous livrer à une discussion plus approfondie de cette question. Nous nous contenterons seulement de rappeler que, du temps de Justinien, l'action publicienne ne s'appliquait plus qu'au possesseur de bonne foi ; le domaine bonitaire ayant été entièrement assimilé au domaine quiritaire, et donnant lieu désormais à la revendication civile. Cela a conduit Justinien à altérer le texte de l'édit, qui est ainsi rapporté au Digeste : *Ait prætor : Si quis id quod traditur ex justa causa non a domino et nondum usucaptum petet, judicium dabo.* (L. 1, *De publiciana in rem actione*). Il est évident que ces mots : *non a domino* ont été interpolés. Cela résulte de trois raisons : d'abord, sous cette forme, l'action publicienne n'aurait pas été applicable à celui qui avait la chose *in bonis*, et cependant nous avons vu et nous verrons encore qu'elle appartenait aussi bien à celui qui avait la chose *in bonis* qu'au possesseur de bonne foi. En second lieu, tous les termes de l'édit se trouvent longuement commentés dans la suite du titre, et il n'est rien dit des mots *non a domino*. Enfin, le texte de Gaïus nous donne la formule de la Publicienne, et les mots *non a domino* ne s'y rencontrent pas.

Avant d'entrer dans l'examen des conditions requises pour l'exercice de la Publicienne, il est bon de remarquer que cette action créée en faveur de celui qui n'était pas encore devenu propriétaire par l'accomplissement de l'usucapion, pouvait et devait souvent être employée par le propriétaire lui-même, lorsqu'il craignait de ne pas pouvoir prouver que sa possession ou celle de son auteur avait duré le temps requis pour l'usucapion. Dans la Publicienne, on l'a déjà vu, la preuve lui sera bien plus facile, puisqu'il lui suffira d'établir qu'il réunit les conditions de l'usucapion, moins le temps.

Ces notions préliminaires nous conduisent naturellement à cette règle : que le demandeur par action publicienne doit, en général, réunir toutes les conditions requises pour l'usucapion, sauf la durée de la possession, dont cette action a précisément pour but de lui faire remise. L'action publicienne n'est donc accordée qu'à celui qui réunit les quatre conditions suivantes : 1° que la chose ait été en sa possession; 2° qu'elle lui ait été livrée *ex justa causa*, c'est-à-dire avec l'intention de lui en transférer la propriété; 3° que lui, demandeur, ait été de bonne foi au moment où cette tradition lui a été faite; 4° que la chose ne soit pas entachée de vices.

Nous allons maintenant nous livrer à l'examen de chacune de ces conditions successivement.

## DES CONDITIONS REQUISES POUR INTENTER LA PUBLICIENNE.

### SECTION Ire.

### *De la possession.*

Une des questions les plus controversées de la matière qui nous occupe et qui divise encore les plus grands romanistes, est celle de savoir s'il est nécessaire, pour pouvoir exercer la Publicienne, d'avoir été en possession de la chose, ou bien si on peut l'intenter sans avoir jamais été en possession. Quelques interprètes, Vinnius entre autres (voy. *Select. jur. quæst.*, livr. 1, chap. 27) sont d'avis que toutes les fois que, sans avoir pris possession, vous auriez acquis la propriété et auriez eu droit à la revendication, si votre auteur eût été propriétaire, vous aurez également, sans être entré en possession, droit à l'action publicienne, si votre auteur n'étant pas propriétaire, vous l'avez cru tel. Que le préteur n'ait parlé dans son édit que de la tradition et de l'usucapion, cela, disent-ils, ne prouve rien; le préteur a évidemment pensé aux cas les plus ordinaires; mais il n'a pas entendu réfuser ce recours à ceux qui avaient de justes raisons de se croire devenus propriétaires, par un mode d'acquisition qui n'exige aucune tradition : comme le legs *per vindicationem*, l'adjudication, etc., et dans le droit antejustinien, la mancipation et l'*in jure cessio*.

D'autres auteurs (voy. *Cujas*, t. 7, p. 343; *Voet.*; *h. t.*, n° 2) croient, au contraire, que pour exercer la Publicienne, il faut absolument qu'on ait été en possession de la chose, ne fût-ce qu'un instant. Ces auteurs voient dans la tradition de la chose, ou, tout au moins, dans une prise de possession non vicieuse, une condition essentielle, indispensable. Nous n'hésitons pas à adopter cette dernière opinion, qui a pour elle l'autorité de plusieurs textes, et qui seule est conséquente avec le principe qui sert de base à la Publicienne.

Cette action, ainsi qu'il a été dit dans les notions préliminaires, sert à recouvrer la chose dont on a perdu la possession avant le temps requis pour l'usucapion. Elle repose sur la fiction que l'usucapion s'est accomplie, tandis qu'elle n'est que commencée ; or, comment peut-on être réputé avoir usucapé sans être entré en possession de la chose? *Sine possessione usucapio contingere non potest* (Licinius Rufinus, livr. 25, D., *de usup. et usucap.*).

Dans presque tous les textes où il est question de la Publicienne, les jurisconsultes romains ont soin de relever qu'il y a eu possession et qu'elle a été perdue. Nulle part, au contraire, et nous allons le démontrer, ils n'admettent qu'on puisse user de la Publicienne sans avoir possédé. Paul (liv. 12, § 7, *h. t.*) nous dit expressément : « *Sed etiam is qui momento possedit, recte hac actione experiretur.* » Conçoit-on que ce jurisconsulte eût dit qu'il suffisait d'avoir possédé un instant, s'il eût suffi de n'avoir pas possédé du tout? Cela ne nous semble guère admissible.

Les partisans de l'opinion adverse invoquent plusieurs arguments, dont aucun ne nous semble avoir une autorité décisive. Nous allons en examiner les principaux.

On invoque d'abord la loi 15, *h. t.*, où Pomponius décide, que si mon esclave, pendant qu'il est en fuite, achète une chose de quelqu'un qui n'est pas propriétaire, la Publicienne doit me compéter, bien que je n'aie pas obtenu par lui la possession de la chose livrée : *Licet possessionem rei traditæ per eum nanctus non sim.* Mais nous croyons avec Cujas (t. 7, p. 351), que le mot *possessio* a, dans cette loi, le rang de détention corporelle de la chose, et s'il en est ainsi, ce texte n'a rien qui contredise l'opinion que nous professons. Le jurisconsulte Paul enseigne positivement que nous acquérons la possession par l'esclave fugitif (voy. L. 1, § 14, *De adq. vel amitt. possess.*), de sorte que notre manière d'expliquer la loi 15, n'a rien d'arbitraire.

Vinnius s'appuie encore sur la loi 12, § 1, *h. t.* Cette loi décide que celui à qui une hérédité a été restituée, en vertu du sénatus-consulte Trebellianum, peut employer l'action publicienne, *etiamsi non fuerit nanctus possessionem.* Cette loi, au dire de Vinnius, démontre clairement qu'on peut exercer la Publicienne, bien qu'on n'ait pas été en possession de la chose. Il n'en est rien cependant; il ne s'agit là, en effet, que de choses que le défunt était en voie d'usucaper, et à l'occasion desquelles la Publicienne lui appartenait. Or, comme cette action passait aux successeurs prétoriens aussi bien qu'aux successeurs civils, comme le dit la loi 7, § 9, et le fidéicommissaire, à qui l'hérédité a été restituée, est un successeur prétorien, rien de plus naturel que de voir la Publicienne entre ses mains, bien qu'il n'ait jamais eu lui-même la possession. Cette objection ne profite donc en rien à l'opinion que nous combattons.

On argumente aussi de la loi 1, § 2, *h. t.*, qui a l'air de présenter le legs *per vindicationem* comme pouvant motiver la Publicienne, bien que le légataire n'ait pas été mis en possession de la chose léguée. Nous croyons que c'est là une affirmation purement gratuite ; car la loi 2, qui est la continuation de la loi 1, a soin d'ajouter : *Nam amissa possessione competit Publiciana.*

L'opinion que nous combattons met encore en avant la loi 18, § 15, *De damno infecto.* Cette loi décide que celui qui avait commencé à posséder par ordre du préteur, et à acquérir la propriété en possédant, peut, au cas où il ne serait pas admis ou qu'il serait expulsé, exercer l'interdit *unde vi* ou l'action publicienne. Si donc celui qui n'a pas été admis à entrer en possession peut exercer l'action publicienne, c'est, dit-on, que la Publicienne peut être exercée par ceux qui n'ont jamais possédé. Cet argument pèche par sa base. La loi 18 s'occupe en effet de quelqu'un qui avait commencé à posséder; elle dit qu'il peut employer l'interdit *unde vi.* Or, on sait que cet interdit n'est pas accordé à celui qui n'a pu jamais entrer en possession, bien qu'empêché par violence (*Voy.* L. 1, § 26, D., *De vi*). Il est donc clair qu'il s'agit dans cette loi de quelqu'un qui a été empêché non pas d'entrer, mais de rentrer en possession. Ainsi, la loi 18 est plutôt favorable à l'opinion qui n'accorde la Publicienne qu'à celui qui, après avoir eu la possession de la chose, l'a ensuite perdue.

On tire enfin un autre argument de la loi 9, §, 6, *h. t.* Cette loi suppose que l'esclave héréditaire, l'hérédité étant encore jacente, a acheté une chose qui lui a été livrée et en a perdu la possession. Dans ce cas, elle décide que l'héritier pourra exercer la Publicienne, comme s'il avait possédé lui-même. Elle ajoute, en outre, que les habitants d'un municipe, à l'esclave desquels une chose a été livrée, pourront aussi exercer la même action. Voilà donc, disent nos adversaires, que la Publicienne est accordée à des personnes qui ne peuvent pas vouloir et qui, par conséquent, ne peuvent pas acquérir la possession. Cet argument n'est pas plus concluant que ceux que nous venons de réfuter. Il résulte, en effet, de la loi 44, § 3, *De usurp. et usucap.*, que la jurisprudence romaine avait fini par admettre exceptionnellement, *jure singulari*, que l'usucapion procéderait au profit de l'hérédité jacente. Elle avait fini par admettre également que les universalités, par exemple, les habitants d'une ville (*municipes*), pourraient acquérir, par leurs esclaves, la possession et la faculté d'usucaper (Paul, loi 1, § 22, D., *De adq. amitt. possess.*).

En terminant cette discussion, nous croyons pouvoir conclure que les textes dont on argumente pour soutenir que même celui qui n'a jamais possédé, peut intenter la Publicienne, ne présente aucun argument solide pour faire admettre cette opinion que combattait déjà si énergiquement le principe sur lequel cette action repose. Les raisons que nous avons déduites ne se trouvent nullement affaiblies; nous restons convaincu que le préteur refusait la Publicienne à ceux qui n'avaient jamais été en possession.

Peu importe, au reste, qu'on ait acquis la possession par soi-même ou par son esclave; peu importe encore que l'esclave ait acheté *peculiari nomine* ou *domini nomine;* ces deux cas ne diffèrent que quant au point de départ de l'usucapion. On peut aussi acquérir la possession par une personne libre.

### SECTION II.

### *De la juste cause.*

Aux termes de l'édit du préteur, l'action publicienne était accordée à celui qui, ayant reçu tradition d'une chose en vertu d'une juste cause, n'aurait pas pu en devenir propriétaire, et avait, par conséquent, besoin de l'usucapion pour arriver à la propriété.

Ainsi donc, l'existence d'une *justa causa* est une condition essentielle de l'exercice de la Publicienne, et celui-là seul peut intenter cette action, qui a une juste cause de tradition.

La *justa causa* n'est autre chose qu'un fait qui dénote, de la part de celui qui livre, l'intention de transférer la propriété et qui autorise celui qui reçoit à posséder comme propriétaire.

Celui-ci devient propriétaire sur-le-champ s'il n'y a pas d'obstacle, soit dans la qualité de la chose livrée (*res mancipi*), soit dans le pouvoir de la personne qui livre; sinon, il ne devient propriétaire qu'autant que sa possession s'est prolongée pendant le temps requis pour l'usucapion.

La juste cause, en vertu de laquelle vous pouvez acquérir par l'usucapion et qui peut motiver la Publicienne, est donc uniquement celle en vertu de laquelle vous auriez pu acquérir immédiatement la propriété par la tradition, si la chose avait été *res mancipi,* ou si le *tradens* avait eu le pouvoir d'aliéner. Il faut toujours une *justa causa transferendi dominii,* que la *translatio dominii* s'opère *statim* ou *post tempus.*

Nous ne pouvons pas nous livrer à l'examen détaillé des diverses justes causes qui peuvent motiver la tradition et servir de base à la Publicienne. Elles sont nombreuses; quelques-unes présentent de sérieuses difficultés. Nous allons passer en revue les principales :

Le premier cas de juste cause présenté par Ulpien dans notre titre (L. 1, § 2) est le legs. Il faut supposer que le légataire s'est mis de bonne foi en possession de la chose léguée par un nom *dominus,* soit que tradition lui en ait été faite par l'héritier, soit qu'il se soit saisi de la chose de lui-même, mais avec la volonté de l'héritier : *Si non traditam possessionem ingrediatur sine vitio legatarius, legatæ rei usucapio competit* (Papinien, L. 8, *Pro legato*).

Il y a encore juste cause dans une tradition faite *ex causa donationis,* lorsque la donation intervient entre personnes à qui elle est permise. Faite entre conjoints, elle ne donnera pas lieu à la Publicienne; parce que entre eux les donations étaient prohibées (L. 1, *De don. inter vir. et uxor.*). Au contraire, cette action résultera d'une tradition faite également *donationis causa,* mais entre fiancés, parce que entre fiancés les donations sont permises (L. 12, *h. t.*).

La donation à cause de mort peut aussi servir de juste titre à la possession. Nous ne partageons pas l'opinion qui reconnaît à la donation à cause de mort l'effet de transférer la propriété ; mais il est hors de doute qu'elle constitue une juste cause pour l'usucapion et pour la Publicienne, si la chose ainsi donnée a été remise au donataire.

Possède encore en vertu d'une juste cause et peut par conséquent user de la Publicienne, celui qui a reçu livraison d'une chose à titre de dot. Si la chose livrée a été estimée, le mari la possède et l'usucape *pro emptore*.

Il y a encore juste cause pour l'usucapion, et par conséquent point de départ suffisant pour intenter la Publicienne, quand la tradition est faite pour se libérer d'une obligation *solvendi causa* (L. 4, *h. t.*). Il n'y a pas à distinguer entre un payement proprement dit et une *datio in solutum;* il n'est pas même nécessaire que la créance ait existé; si on a cru à son existence, cela suffit : *Ipsa traditio ex causa quam veram esse existimo, sufficit ad efficiendum ut id quod mihi traditum est pro meo possideam.* Il y a pourtant une exception à cette règle dans la tradition faite pour cause de vente. Les jurisconsultes nous disent qu'il fallait (sauf de très-rares exceptions) que l'achat en vertu duquel se faisait la tradition eût véritablement existé, tandis qu'il n'était pas nécessaire que le contrat, autre que l'achat, qui motivait la tradition, eût réellement eu lieu. Nous verrons plus loin la raison de cette particularité. Notons seulement ici que, par suite de cette exception, une locution spéciale exprimait la possession de l'acheteur ; quand une chose lui était livrée, on disait qu'il possédait *pro emptore*, tandis que la chose livrée pour acquitter toute autre obligation constituait une possession *pro soluto* (*Voy.* Paul, L. 48, D., *De usurp. et usucap.*).

L'adjudication peut aussi servir de juste cause. On sait que le jugement intervenant sur les trois actions divisoires était non pas simplement déclaratif, comme dans les autres actions réelles, mais véritablement translatif de propriété. Si donc la chose adjugée n'appartenait pas aux plaideurs en commun ou à l'un d'eux, mais à un tiers, l'adjudicataire trouvera dans la décision du juge une base suffisante pour usucaper, et, s'il vient à perdre la possession de la chose, rien ne l'empêchera d'intenter la Publicienne. C'est ce que dit Ulpien, L. 7, *h. t.*, et Marcellus, L. 17, *De usurp. et usucap.*

Peuvent encore fournir de justes titres à l'effet d'usucaper et motiver l'action publicienne, l'abandon noxal et la prise de possession ordonnée par le préteur, lorsque l'esclave n'est pas défendu par celui qui le possède. Il en est de même de l'envoi en possession par le second décret du préteur, *ex causa damni infecti*. Le premier décret n'a pour effet que de mettre le propriétaire de la maison menacée en possession de la maison qui menace ruine ; c'est là une mesure provisoire qui ne conduit pas à l'usucapion ; après le second décret, l'envoyé en possession commence à posséder à l'effet d'acquérir la propriété de la chose. En attendant que le temps acquis pour l'usucapion soit accompli, il peut intenter la Publicienne, s'il vient à perdre la possession. (Paul, L. 18, § 15, D., *De damno infecto*). Ce texte, pour le dire en passant, semble fournir un appui à ceux qui sont d'avis que la Publicienne peut être intentée par ceux qui n'ont jamais possédé. Cette question a été longuement discutée ci-dessus, et nous n'avons rien à ajouter à ce qui a été dit.

La tradition faite pour cause d'achat constitue aussi une juste cause de possession à l'effet d'usucaper. Nous avons déjà dit, en parlant du payement, qu'il fallait que l'achat en vertu duquel se faisait la tradition eût réellement existé, tandis qu'on n'exigeait pas pour les autres contrats qu'ils eussent réellement eu lieu, la croyance à leur existence suffisant. La raison de cette différence dans la règle de droit se trouve dans la mention spéciale que l'édit du préteur faisait de la *bonæ fidei emptio,* indépendamment de la mention générale de la *traditio in justa causa.* Nous verrons plus loin une autre particularité en ce qui regarde la bonne foi.

Dans l'édit du préteur, il n'était pas fait mention du payement du prix, et Gaïus, dans la loi 8 de notre titre, semble en conclure que le préteur n'a pas considéré le payement du prix comme une condition indispensable pour l'exercice de la Publicienne. Il est toutefois difficile de savoir si c'était là l'avis du jurisconsulte; le doute est tout au moins permis, si l'on considère surtout que le payement du prix étant absolument nécessaire pour la translation de la propriété, à moins que l'acheteur n'ait obtenu crédit, il semble devoir l'être également pour l'usucapion, et par conséquent pour la Publicienne. Ce serait évidemment une erreur de droit que de croire qu'on pourrait devenir propriétaire sans avoir ni payé le prix de la chose achetée, ni obtenu crédit, et une pareille erreur ne saurait fonder ni usucapion ni Publicienne. Cette opinion peut aussi s'appuyer sur les textes suivants : L. 4, § 32, D., *De dol. mal. et met. except.*; L. 2, D., *De except. rei vind. et trad.*; L. 72, *De rei vindicat.*

Celui qui a acheté d'un fou ne pourra pas intenter la Publicienne, car le consentement des parties contractantes étant une condition de l'existence du contrat, il est impossible de voir une juste cause dans la possession de celui qui a acheté d'un homme en démence. Mais si l'acheteur, trompé par les apparences, a cru que son vendeur était sain d'esprit, sa croyance erronée provenant ici d'une erreur plausible lui tiendra lieu de juste cause : *Eum qui a furioso, ignorans eum furere, emit, posse usucapere; ergo et Publicianam habebit.* » L. 7, § 2, *De publiciana in rem actione*). Il est vrai que Paul, dans la loi 2, § 16, *Pro emptore*, refuse la Publicienne à celui qui a acheté d'un homme en démence, tout en lui permettant d'usucaper; mais nous croyons qu'on peut concilier ce texte avec la loi 7, § 3, de notre titre, en supposant que Paul ne refuse pas dans tous les cas la Publicienne, mais qu'il veut dire seulement que l'acheteur ne pourra pas l'intenter contre son vendeur; et en effet, l'acheteur ne saurait intenter avec succès la Publicienne contre son vendeur, car la vente étant nulle, il ne pourrait opposer la *replicatio rei venditæ et traditæ* à l'*exceptio justi dominii* de son vendeur.

Possède aussi *pro emptore*, et peut par conséquent intenter la Publicienne, le possesseur qui, faute de restituer la chose revendiquée, est condamné à l'estimation. Le demandeur qui, au lieu de se faire restituer sa chose, se tient pour satisfait moyennant un prix qu'il a fixé lui-même, est réputé l'avoir vendue pour ce prix, et avoir consenti à ce que la propriété en fût transférée au possesseur. Celui-ci pourra donc l'usucaper si la chose est *res mancipi*, ou si elle se trouve appartenir à un autre qu'au demandeur (L. 7, § 2. *h. t.*).

Si le défendeur ne possédait plus au moment du jugement, mais avait cessé par dol de posséder, il serait également condamné à payer au demandeur la somme déterminée par son serment. Mais comme, dans ce cas, la somme à laquelle le défendeur est condamné n'est plus réputée le prix d'achat d'une chose à laquelle le demandeur renoncerait, mais la peine du dol du défendeur, il en résulte que celui-ci, manquant alors de juste cause, ne pourra ni usucaper, ni user de la Publicienne (*Voy.* L. 69, *De rei vindic.*, et L. 70, *eod.*).

Avant d'en finir avec ce que nous avions à dire sur la juste cause, nous avons à examiner une question aussi grave que controversée, et sur laquelle les auteurs sont loin de s'entendre. Ulpien, dans la loi 3, § 1, *in fine*, de notre titre, présente le jugement comme pouvant fournir une *justa causa possessionis* et fonder par suite la Publicienne. On se demande donc dans quels cas le jugement aura cet effet. Supposons d'abord que le débat s'élève sur une matière réelle : si le juge trouve que la prétention du demandeur n'est pas fondée, il absout le défendeur, et celui-ci, cela est clair, ne cherchera jamais une nouvelle cause de possession dans un jugement qui, après tout, n'a fait que reconnaître que le demandeur n'était pas propriétaire. Si le demandeur a gain de cause, si le juge, reconnaissant comme juste sa prétention, ordonne au défendeur de lui restituer l'objet du litige, plusieurs auteurs pensent que le jugement rendu dans ce cas constitue une juste cause de tradition, et que, si le défendeur n'était pas propriétaire de la chose, le demandeur le deviendra à l'aide de l'usucapion, et pourra en attendant se servir de la Publicienne, s'il vient à perdre la possession de la chose avant l'achèvement du temps requis pour l'usucapion.

Nous croyons que cette opinion ne doit pas être adoptée ; les jugements sont purement déclaratifs des droits des parties, et non attributifs de droits nouveaux. Ils ne créent pas les droits et ne les confèrent pas, ils ne font que les constater; il est donc clair qu'ils ne peuvent pas constituer de juste titre, soit pour l'usucapion, soit pour la Publicienne.

La juste cause est un fait juridique qui manifeste de la part du *tradens* l'intention de transférer la propriété, et de la part du *recipiens* celle de posséder comme propriétaire. Mais lorsque le juge ordonne au défendeur de restituer la chose, il entend purement et simplement remettre le demandeur en possession de sa propre chose, et non transférer une propriété à celui-là même qu'il vient de reconnaître comme propriétaire : cette intention de transférer la propriété de la chose, le défendeur ne l'a pas davantage, cela est évident. De l'autre côté, si le demandeur s'imaginait que le jugement est translatif de propriété et peut par conséquent lui servir de juste titre, ce serait là une erreur de droit qui ne saurait servir de fondement à l'usucapion (*Voy*. L. 31, D., *De usurp. et usucap.*; L. 32, § 1, *eod.*). Ainsi, il nous semble qu'il est difficile de voir dans un jugement rendu sur une action réelle une juste cause de tradition, et nous sommes d'avis que si le vainqueur n'était pas propriétaire, comme le juge l'a cru, il pourra bien sans doute accomplir l'usucapion et invoquer la Publicienne *ex causa pristina empti, donati*, etc., mais jamais *ex causa judicati*.

Nous croyons qu'il faut décider de même dans le cas où le juge, ayant cru à tort ou à raison que l'usucapion s'est accomplie pendant l'instance, donne ordre de transférer la propriété au demandeur. Si le juge ordonne ici cette translation, c'est qu'il est convaincu qu'au moment du procès engagé, cette propriété appartenait au demandeur, et qu'il ne faut pas que celui-ci souffre des retards de l'instance; il est de principe, en effet, que la restitution doit mettre le demandeur dans la même position où il se serait trouvé si la chose lui eût été rendue au moment de la *litis contestatio*. Ici, pas plus que dans l'espèce précédente, le jugement ne lui accorde rien de nouveau, il ne fait que reconnaître son ancien titre de possession ; et l'on ne comprendrait guère que le demandeur victorieux pût s'en servir pour commencer une possession nouvelle.

Contre l'opinion que nous soutenons on argumente de ce qui se passe dans la transaction, qui fournit, de l'aveu de tout le monde, un titre suffisant à l'effet d'usucaper (L. 8, Cod. *De usucap. pro emptor.*; et L. 29, Dig., *De usurp. et usucap.*). Nous ne croyons pas que cet argument soit concluant, car les deux positions sont loin d'être identiques. Dans la transaction, en effet, chacune des parties contractantes fait le sacrifice de quelque droit qu'elle a ou croit avoir, dans le but d'éviter un procès né ou à naître. Ainsi nous y voyons l'intention évidente de transférer une propriété certaine ou douteuse; dans le jugement, au contraire, le condamné est loin d'avoir cette intention bénévole, et le juge ne peut ni ne doit l'avoir, *Et si quidem is obtinuerit qui servitutem sibi defendit, non debet ei servitus cedi, sive recte pronuntiatum est, quia habet, sive perperam, quia per sententiam non debet servitus constitui, sed quæ est declarari* (Ulpien, L. 8, § 4, Dig., *Si servitus vindicetur*).

On oppose encore un autre argument qu'on puise dans la loi 33, § 3, Dig., *De usurp. et usucap.* Cette loi décide que, si celui contre qui on se propose de demander un fonds cède la possession de ce fonds, le cessionnaire aura une juste cause d'usucapion. Si donc, dit-on, Julien reconnaît, dans ce cas, une juste cause à l'effet d'usucaper, pourquoi en serait-il autrement dans le cas où le défendeur restitue la possession au demandeur victorieux sur l'ordre du juge? Cette objection, nous l'avouons, est sérieuse; mais on peut y répondre en disant que rien n'indique que les mots *possessione cedere* signifient : laisser la place libre à celui qu'on reconnaît pour propriétaire. On peut très-bien croire, au contraire, que, dans l'espèce, celui qui cède la possession le fait dans l'intention d'abandonner la propriété au cessionnaire, parce qu'il compte, par exemple, être récompensé d'une manière ou de l'autre par celui à qui il a fait ce sacrifice; et ce qui vient en appui à notre manière de comprendre la loi 33, c'est que la même expression, employée dans le même texte un peu plus bas, a le sens évident de transférer la propriété. Quant à l'argument qu'on tire de la loi 13, § 9, Dig., *De adq. possess.*, il ne nous embarrasse nullement, car ce texte ne fait que décider que le demandeur victorieux peut joindre à sa possession celle de son adversaire.

Il résulte de ce que nous venons de dire que ce n'est pas en matière réelle qu'il faut chercher l'application de la disposition finale de notre loi 3.

Telle est aussi l'opinion de notre éminent professeur M. Pellat, qui a traité cette question *ex professo* dans son savant commentaire du livre 4 des Pandectes (*Voy.* p. 464 et suiv.).

Quelques auteurs ont cru trouver une notable application de notre loi 3 dans les actions personnelles. Ici les condamnations étant pécuniaires, si le défendeur condamné a payé avec des écus qui ne lui appartenaient pas, ou si, du consentement du demandeur, il en fait une *datio in solutum*, avec une chose appartenant à autrui, le demandeur de bonne foi usucapera, disent-ils, et son usucapion procédera *ex causa judicati*. Ce cas se présentera aussi, ajoutent-ils, dans les actions réelles, lorsque le défendeur, n'obéissant pas à l'ordre du juge de restituer les choses, il est condamné à en payer l'estimation.

D'autres auteurs n'admettent pas cette application de la loi 3 de notre titre. Ils ne nient pas que le demandeur usucape dans l'espèce; mais ils croient que cette usucapion procédera *pro soluto*, et non pas *ex causa judicati*. Ils n'aperçoivent aucune différence entre le payement effectué spontanément par le débiteur et celui qui est la suite d'une condamnation.

Quelques autres auteurs croient que le cas d'usucapion *ex causa judicati* peut se présenter dans quelques actions personnelles arbitraires ou de bonne foi. Ici le juge, reconnaissant que le défendeur est obligé à *dare* ou à *tradere*, lui ordonne d'exécuter son obligation, et ne condamne que si le défendeur n'obéit pas à son ordre.

Si donc le défendeur, obéissant à l'ordre du juge, livre la chose, le demandeur l'usucapera *ex causa judicati* et pourra intenter la Publicienne. M. Pellat s'exprime aussi en ces termes, et présente cette explication comme étant la plus probable, bien que douteuse.

Le serment sur la question de propriété ne peut, pas plus que le jugement, fonder une juste cause d'usucapion ou motiver les Publicienne contre les tiers.

Mais celui qui a juré que la chose est sienne peut intenter la Publicienne contre la partie qui aura déféré le serment. Son effet, comme celui de la chose jugée, ne s'étend pas au tiers (*Voy*. L. 7, § 7, *h. t.*; L. 9, § 7; L. 11, pr., et § 1, *De jurejurando*). Ce dernier texte donne à celui qui a prêté le serment une action *in factum;* c'est probablement cette même action *in factum* qui est appelée Publicienne dans la loi 7, *h. t.*

## SECTION III.

### *De la bonne foi.*

On sait que la Publicienne a pour fondement une fiction qui consiste à supposer accomplie une usucapion qui n'a fait que commencer. De là il résulte que celui qui veut exercer l'action publicienne doit non-seulement avoir possédé et fonder sa possession sur un juste titre, mais encore réunir une autre condition non moins indispensable, c'est-à-dire être de bonne foi. La bonne foi est la croyance où est le *recipiens* que le *tradens* avait le droit d'aliéner, soit comme propriétaire, soit comme fondé de pouvoir du propriétaire (L. 109, Dig., *De verb.*

*sign.*). Mais si ma croyance porte, non plus sur le pouvoir d'aliéner, mais sur l'intention d'aliéner, pourrais-je acquérir par usucapion? en d'autres termes, ma croyance erronée peut-elle me tenir lieu d'une cause véritable? Les jurisconsultes romains répondaient en général négativement; quelques-uns cependant admettaient l'affirmative, dans le cas, du moins, d'une erreur de fait très-excusable portant sur le fait d'autrui; quand je croyais, par exemple, que le *de cujus* auquel j'ai succédé avait acheté l'objet que je possède.

La bonne foi n'est pas une condition qui doive durer pendant tout le temps de la possession; elle n'est exigée qu'au moment de la prise de la possession : *Mala fides superveniens non impedit usucapionem*. Il en était autrement en matière d'acquisition des fruits.

Le principe que la bonne foi n'était nécessaire qu'au moment de la prise de possession recevait toutefois deux exceptions : 1° dans la vente il fallait être de bonne foi, et au moment de la vente et au moment de la tradition. Cette dérogation venait de ce que l'édit du préteur sur la Publicienne, de même que les lois sur l'usucapion, mentionnait spécialement la *bonæ fidei emptio*, indépendamment de la mention générale de la tradition *ex justa causa*. Il est vrai que le texte de l'édit, tel qu'il est rapporté dans la loi 1, pr., *h. t.*, ne contient pas la mention dont nous parlons; mais il est évident qu'il a été remanié par les compilateurs du Digeste, car Ulpien (L. 7, § 11, *h. t.*) commente ces mots : *Qui bona fide emit;* donc ils existaient dans l'édit. 2° Une autre dérogation se rencontre dans l'usucapion *pro donato*. Il paraît que dans ce cas il était nécessaire que la bonne foi persévérât jusqu'au moment où la Publicienne était intentée. Ce que nous venons de dire résulte des textes suivants (L. 11, § 3, *h. t.*; L. 1, Cod., *De usucap. transform.*). Cette manière de comprendre la loi 11 est due à M. Pellat, et se trouve confirmée en ces termes par Stéphane, un des commissaires de Justinien pour la rédaction des Pandectes : « Chez celui qui a reçu en vertu d'une donation, nous exigeons trois conditions....., et qu'au moment de l'action il ignore que l'esclave a été volé. »

Quoique la bonne foi semble être une condition essentiellement personnelle, il arrive quelquefois, à cause de certaines raisons spéciales, qu'on ne se contente pas de la bonne foi du possesseur. Ainsi, quand on acquiert la possession par un esclave ou un fils de famille, il faut d'abord, pour que l'usucapion et la Publicienne soient possibles, que ces personnes soient de bonne foi; mais il faut en outre que le maître ne soit pas de mauvaise foi au moment où doit commencer le cours de l'usucapion. Ainsi, supposons que l'esclave a fait une acquisition *peculiari nomine*. Suivant les principes, l'usucapion doit commencer immédiatement : si le maître a connaissance à ce moment de l'acquisition, et qu'il sache en même temps que la chose a été livrée *a non domino*, l'usucapion ne pourra courir à son profit. S'il n'est instruit de l'acquisition que plus tard, sût-il même au moment où il l'apprend que la chose est à autrui, l'usucapion n'en continuera pas moins de s'accomplir, parce que sa mauvaise foi n'est survenue que pendant le cours de cette usucapion. Au contraire, l'esclave a-t-il acheté *domini nomine*, l'usucapion ne peut commencer qu'à partir du moment où le maître en sera instruit, or s'il sait à ce moment que la chose a été livrée *a non domino*, il ne pourra pas usucaper, car sa mauvaise foi coïncide avec l'instant où sa possession peut commencer à compter pour l'usucapion. L'héritier ou tout autre successeur universel, comme le *bonorum possessor*, prend la place du défunt, et continue sa possession; il sera lui-même de bonne ou de mauvaise foi, suivant que son auteur aura commencé la possession avec bonne ou mauvaise foi. Ainsi, on s'attachera toujours au sentiment du *de cujus*, jamais à celui de l'héritier (*Voy.* L. 7, § 12). Dans les acquisitions qui ont lieu à titre particulier, il suffit que le successeur particulier, l'acheteur, par exemple, soit de bonne foi, bien que le vendeur ait été de mauvaise foi. Il ne faut pas pourtant que le dol du vendeur constitue un *furtum*, car alors la chose étant *furtiva* ne sera plus susceptible ni d'usucapion ni de Publicienne.

Celui qui intente la Publicienne doit prouver l'existence de sa possession et du juste titre; mais sa bonne foi est présumée, la preuve de la mauvaise foi est à la charge de l'adversaire.

## SECTION IV.

### *Il ne faut pas que la chose soit entachée de vices.*

Nous avons vu que le fondement sur lequel repose la Publicienne, c'est la fiction qu'une usucapion s'est accomplie, tandis qu'en réalité elle n'a fait que commencer. La Publicienne est donc soumise aux mêmes conditions que l'usucapion, et ne peut évidemment s'appliquer aux choses pour lesquelles l'usucapion est impossible. Ainsi, elle ne s'appliquera pas aux choses mobilières qui ont été volées, car le vol est un vice qui empêche l'usucapion; elle ne s'appliquera pas davantage aux choses immobilières qui ont été possédées par violence, leur usucapion ayant été défendue par les lois *Julia* et *Plautia*.

L'esclave qui s'enfuit est considéré comme *res furtiva;* il est censé se voler lui-même à son maître, et c'est pourquoi il ne peut être l'objet ni de l'usucapion, ni de l'action publicienne. Le part d'une esclave volée est *res furtiva*, si l'esclave était déjà enceinte lors du vol, ou si elle l'est devenue chez le voleur, peu importe qu'elle accouche chez lui ou chez un possesseur de bonne foi. Mais si la conception a eu lieu chez ce possesseur, l'enfant cesse d'être *res furtiva* et peut être usucapé. L'héritier du voleur chez qui l'enfant a été conçu ne pourra ni usucaper ni intenter la Publicienne, parce qu'il succède aux vices de son auteur, quand même il serait de bonne foi lui-même. Cet enfant pourra au contraire être usucapé par un acheteur de bonne foi. L'usucapion du part de l'esclave volé procède de la même cause qui aurait conduit à usucaper la mère, si elle n'avait pas été volée.

De même que pour le part des esclaves, les petits des animaux ne peuvent, suivant Ulpien, être acquis au possesseur de bonne foi que s'ils n'ont pas été conçus chez le voleur. Mais il y a entre le croît des animaux et le part de l'esclave la différence suivante : le premier, étant un fruit, appartiendra dès sa naissance au possesseur de bonne foi; le part de l'esclave volée n'étant pas considéré comme un fruit, ne sera acquis au possesseur de bonne foi qu'après l'achèvement du temps requis pour l'usucapion (*Voy.* Ulp., L. 48, § 5, *De furtiv.*). Le jurisconsulte Paul, au contraire, tout en considérant comme Ulpien le croît des animaux comme pouvant être acquis dès la naissance, en sa qualité de fruit, au possesseur de bonne foi, ne s'inquiète guère du moment de sa conception et ne s'attache qu'au moment de sa naissance (*Voy.* L. 48, § 2, D., *De adquir. rer. domin.*). Paul et Ulpien sont donc évidemment en désaccord, ce dernier prenant en considération l'époque de la conception du croît, tandis que Paul ne s'occupait que du moment de la séparation, qui est celui de la naissance. Cette dernière opinion paraît avoir prévalu.

Les choses publiques, saintes, sacrées, etc., et les hommes libres, ne pouvant pas être usucapés, ne donneront pas lieu à la Publicienne. Il en est de même des choses qu'une constitution ou une loi défend d'aliéner ; telle est la loi Julia, qui défend au mari d'aliéner le fonds dotal sans le consentement de la femme ; telle est encore la constitution de Septime-Sévère et d'Antonin Caracalla, qui défend de rien aliéner des biens de celui qui s'est rendu coupable du crime de lèse-majesté, ou de concussion, etc., afin qu'il ne pût les soustraire ainsi à la confiscation. Si donc quelqu'un achetait ces choses, il n'aurait pas la Publicienne, car il ne peut pas entrer dans la pensée du préteur de favoriser la violation des lois.

Jusqu'ici on a vu l'usucapion et la Publicienne soumises aux mêmes conditions, comme deux institutions dont l'une serait seulement destinée à compléter l'autre. Ce parallélisme n'est pas absolu ; car la Publicienne pouvait être aussi exercée pour des choses non susceptibles d'usucapion, et notamment pour les servitudes personnelles ou prédiales, rurales ou urbaines, dont la loi Scribonia avait prohibé l'acquisition par usucapion. Pothier explique cette anomalie en disant que si les servitudes ne pouvaient être acquises par usucapion, elles pouvaient du moins l'être par la possession *longi temporis*. Cette explication ne nous satisfait pas : d'abord, parce que l'édit qui a établi la Publicienne se sert positivement du mot *usucaptum*, et non des mots *longo tempore possessum;* ensuite, parce que, à la différence de l'usucapion, la longue possession ne faisait pas acquérir un droit positif proprement dit, mais donnait seulement un interdit ou une action utile pour protéger la possession. La difficulté serait expliquée plus logiquement en disant que le préteur, trouvant dans celui qui a été mis *ex justa causa* en possession d'une servitude, toutes les conditions qui conduisent ordinairement à l'usucapion, lui a donné la Publicienne comme action utile et par extension.

La Publicienne était aussi accordée pour les fonds vectigals et pour les maisons superficiaires. Elle l'était encore pour les fonds stipendiaires et tributaires, car très-probablement c'est de ces fonds qu'entend parler la loi 12, § 2, dans ces termes : *Et in aliis prædiis quæ usucapi non possunt.*

Il y a en apparence une antinomie entre la loi 11, § 1, la loi 12, §§ 2 et 3, d'un côté, et la loi 9, § 5, de l'autre; mais cette antinomie n'est pas réelle. La règle de la loi 9, § 5 n'est applicable en effet qu'aux cas où la cause qui met obstacle à l'usucapion est un vice inhérent à la chose, tandis que dans les lois 11 et 12 il s'agit d'une possession qui réunit toutes les conditions nécessaires pour l'usucapion, et si elle n'y conduit pas, cela tient à des règles subtiles du droit civil et non à un véritable vice attaché à la chose, comme pour les choses volées ou possédées par violence. Le préteur, mû par un motif d'équité, prend ici en considération la situation digne d'intérêt de ces possesseurs, et leur vient en aide en leur accordant la Publicienne.

## SECTION V.

### *Qui peut user de l'action publicienne.*

Nous avons dit que la Publicienne était donnée, du temps de la jurisprudence classique, tant à celui qui, après avoir reçu, en vertu d'une juste cause, une chose *mancipi* ou *nec mancipi a non domino*, venait à en perdre la possession, qu'à celui qui a reçu, par simple tradition du propriétaire, une chose *mancipi;* en d'autres termes, tant à celui qui avait la chose *in bonis* qu'à celui qui n'en avait que la *bonæ fidei possessio*. Rappelons que les conditions de l'action publicienne, telles que Gaïus les indique, et la formule de cette action telle qu'il la rapporte (*Inst*, Comm. IV, § 36) exigent seulement que le demandeur ait eu une possession propre à le conduire à l'usucapion. Or, cette situation se trouve, et dans celui qui a reçu simple tradition d'une chose *mancipi*, et dans celui qui a reçu *a non domino* une chose soit *mancipi*, soit *nec mancipi*. Nous savons que l'usucapion s'appliquait à ces deux cas, et comme la Publicienne a été créée sur la base de l'usucapion, tout fait présumer qu'elle a dû s'appliquer aussi à ces deux cas.

Quelques auteurs sont d'avis que celui qui avait

la chose *in bonis* avait à sa disposition une action réelle fondée, comme la Publicienne, sur une fiction, mais que cette fiction consisterait à supposer accomplie, non pas l'usucapion, mais la mancipation. Nous ne voyons pas pour notre part la nécessité d'une pareille action, et, d'ailleurs, aucune trace ne se trouve dans les fragments de l'ancien droit, et son existence ne repose que sur une pure hypothèse. Quelques autres auteurs accordent au propriétaire bonitaire la formule pétitoire, dont l'*intentio* ne contiendrait que les mots *meum esse*, sans addition de ceux-ci : *ex jure Quiritium*. A cela nous répondrons que la formule pétitoire n'est pas une action à part, mais une forme particulière de procédure dans la *rei vindicatio*, et que, d'ailleurs, si dans le passage de Gaïus cité par eux (*Inst.*, Comm. IV, § 72), son *intentio* ne contient que les mots *meum esse*, dans une foule d'autres passages, les mots *ex jure Quiritium* s'y trouvent également. Nous pouvons encore ajouter que les expressions *meum tuum esse* indiquent toujours, même quand elles se rencontrent seules, la propriété quiritaire.

Nous croyons donc que l'application de la Publicienne au cas ou la chose était *in bonis*, ne saurait faire de doute. Rappelons, toutefois, qu'au temps de Justinien le domaine bonitaire n'étant plus distingué du domaine quiritaire, cette application de la Publicienne ne présentait plus aucun sens; aussi, n'en retrouve-t-on dans le Digeste que de faibles traces, qui ont échappé à l'attention des compilateurs. C'est à cause de cela que les mots *a non domino*, ont été interpolés dans l'édit, *h. l.*, *h. t.*; ils ne se trouvent pas, en effet, commentés dans la suite du titre, tandis que tous les autres termes de l'édit le sont. Ils ne se trouvent pas davantage dans la formule de la Publicienne qui nous est donnée par Gaïus.

Nous avons déjà dit que le propriétaire lui-même pouvait et devait souvent employer la Publicienne, lorsqu'il craignait de ne pouvoir prouver que sa possession, ou celle de son auteur avait duré le temps requis par l'usucapion. Quelques auteurs la lui refusent, en se fondant sur ce que d'abord le préteur n'a nullement entendu, en créant la Publicienne, venir au secours du propriétaire qui est suffisamment protégé par la revendication du droit civil, et qui ne peut pas se trouver dans la nécessité d'avoir recours à la Publicienne. Ce système ne nous semble pas admissible. Sans doute, le préteur n'a pas inventé cette action pour le propriétaire, mais tout le monde sait que ce magistrat avait l'habitude d'admettre, par une extension favorable, à l'usage de ses institutions, ceux-là même que garantissait le droit civil. Le préteur n'a pas assurément inventé la *bonorum possessio* pour l'héritier, et cependant il ne la lui refusait pas.

Le système que nous combattons conduirait, s'il était admis, à des résultats certainement bizarres; pren on un exemple : Titius achète *a non domino* une chose qui lui est livrée, et vient à en perdre la possession. S'il n'a pas achevé le temps requis pour l'usucapion, il intentera la Publicienne entre le possesseur actuel de la chose et aura gain de cause en prouvant, ce qui est bien facile, sa possession fondée sur une juste cause. Si, au contraire, Titius a perdu la possession de la chose après avoir achevé le temps requis pour l'usucapion, il ne pourra plus, d'après le système que nous combattons, obtenir la Publicienne; il ne pourra agir que par la revendication, et la preuve qu'il aura à faire pour obtenir la restitution de la chose sera alors bien plus difficile que dans le cas précédent ; car, outre sa possession fondée sur une juste cause, il aura encore à prouver que cette possession a duré sans interruption pendant tout le temps requis pour l'achèvement de l'usucapion. La possession de Titius après l'usucapion semblait devoir devenir plus favorable, sous le point de vue qui nous occupe ; elle n'en est devenue que plus difficile. Nous ne concevons pas que le bon sens prétorien ait pu admettre de pareilles bizarreries.

Les auteurs dont nous combattons l'opinion argumentent de la loi 1, § 1 ; mais cet argument n'est pas concluant, car le jurisconsulte Ulpien ne dit pas, dans ce texte, que celui qui a usucapé ne pourra pas intenter la Publicienne ; il dit seulement qu'il n'en a pas besoin. Si donc il lui arrive de la préférer à la revendication, pour une raison quelconque, rien ne l'empêchera de s'en servir. On argumente encore de la loi 18, *De pignoribus et hypothecis*, dont voici le texte : « Si j'ai reçu une chose en gage de quelqu'un qui pouvait employer l'action publicienne, parce qu'il n'en avait pas le domaine, le préteur me protégera par l'action servienne, de même qu'il protége mon débiteur par l'action publicienne. » Or, dit-on, cette loi prouve que la Publicienne ne compétait pas au propriétaire, puisque Paul, dans ce fragment, dit qu'on ne peut employer la Publicienne que quand on n'a pas le *dominium*, *quia dominium non habuit.* Cet argument, comme le précédent, n'est rien moins que concluant. Le jurisconsulte Paul, dans ce texte, est bien loin d'avoir consacré l'opinion que nous combattons. Il ne s'y occupe pas le moins du monde de la question de savoir si le propriétaire peut agir ou non par l'action publicienne, c'est l'action servienne qui l'occupe; il suppose que le *jus pignoris* a été constitué par une personne qui, n'étant pas propriétaire, ne pouvait invoquer que le secours de l'action publicienne. Il se demande ce qui adviendra du créancier qui a reçu le gage, et il décide que l'action servienne ou hypothécaire du créancier aura dans ce cas la même application et la même efficacité que l'action qu'a le débiteur, c'est-à-dire l'action publicienne. Voilà tout ce que veut dire Paul dans ce texte, et il n'en résulte nullement que celui qui est propriétaire ne peut intenter la Publicienne.

Au surplus, nous ne comprenons pas comment le défendeur pourra dénier au propriétaire le droit d'user de la Publicienne. Lui dira-t-il : Vous ne pouvez pas intenter la Publicienne, parce que vous êtes propriétaire? Mais, s'il en est ainsi, lui répondra le demandeur, restituez-moi ma chose. Le défendeur prétendra-t-il que le demandeur s'étant toujours présenté comme propriétaire, sans l'être réellement, ne pourra pas avoir la Publicienne? Soit, répliquera le demandeur; vous dites que je ne suis pas propriétaire, et je ne veux pas y contredire; mais, comme je réunis toutes les conditions requises pour usucaper, rien ne m'empêche de me servir de l'action publicienne.

Quant à l'objection qui consiste à dire que le propriétaire n'aura aucun avantage à intenter la Publicienne, nous nous étonnons qu'elle se soit produite ; il est en effet bien clair que celui qui agit par la revendication aura souvent à faire une preuve bien difficile, tandis que celui qui agit par la Publicienne n'aura à prouver, pour avoir gain de cause, qu'une possession fondée sur une juste cause, preuve qui ordinairement sera bien facile.

Concluons donc que la Publicienne compétait au propriétaire lui-même, alors qu'il craignait de rencontrer trop de difficultés à prouver l'existence de son droit de propriété. Il pouvait alors, ou obtenir les formules de la revendication et de l'action publicienne en même temps et sous l'alternative, ou bien se faire donner purement et simplement la formule de l'action prétorienne, nous voulons dire de la Publicienne, qui lui rendrait la preuve à faire plus facile. Un texte d'Ulpien (loi 37, § 1, Dig., *De evictionibus*) décide qu'on con. rve le droit d'intenter l'action publicienne, même après avoir intenté sans succès la revendication.

La Publicienne était encore accordée à celui qui possède une chose non susceptible d'usucapion : tels sont les fonds vertigals, les maisons superficiaires. Nous nous sommes assez longuement occupé de ce point pour nous dispenser d'y revenir.

Cette action était aussi accordée aux quasi-possesseurs des choses incorporelles non susceptibles d'usucapion, comme l'usufruit, les servitudes urbaines et rurales. Ceci se trouve également expliqué par les développements que nous avons donnés ci-dessus ; nous avons expliqué comment le préteur a été amené à donner la Publicienne dans cette hypothèse.

Il n'est pas hors de propos de rappeler ici que les successeurs universels de celui qui avait le droit d'intenter l'action publicienne peuvent exercer cette action, bien qu'ils n'aient jamais possédé eux-mêmes, et sans que le juge ait à s'enquérir de leur bonne ou mauvaise foi. Rappelons aussi que la Publicienne était donnée même à ceux qui avaient acquis la possession par un autre, comme un maître qui a acquis la possession par son esclave; au mandant, dont le mandataire a pris tradition d'une chose au nom de ce mandant, etc.

## SECTION VI.

### *Contre qui on peut intenter la Publicienne.*

L'action publicienne a été introduite à l'instar de la revendication. Elle ne diffère de l'action civile que sous le rapport du fondement sur lequel elle repose, et de la preuve qu'elle exige. De même que la revendication est accordée au propriétaire quiritaire, de même la Publicienne est accordée au propriétaire bonitaire; et, comme la revendication, l'action publicienne peut être dirigée contre tout détenteur de la chose.

Elle peut même être dirigée avec succès contre le véritable propriétaire; car l'intention de cette action prescrit au juge de condamner le défendeur, si le demandeur fût devenu propriétaire en possédant pendant le temps nécessaire pour accomplir l'usucapion. Il s'ensuit donc que le propriétaire lui-même peut être condamné en présence d'une question qui peut être résolue affirmativement, quand même le possesseur serait propriétaire. En vain celui-ci alléguerait son *dominium*; cette allégation ne contredit en effet en rien l'intention de la Publicienne, et le juge, devant se renfermer dans la question qui lui a été posée par le magistrat, ne saurait permettre au défendeur de transporter le débat sur une autre question.

Si nous supposons l'action publicienne dirigée contre le propriétaire quiritaire, par celui qui a reçu de lui par simple tradition une chose *mancipi* (nous avons vu que la tradition ne transférait pas la propriété des choses *mancipi*) rarement elle sera injuste ; si nous supposons, au contraire, qu'une chose a été transmise par un non propriétaire à un possesseur de bonne foi, et que celui-ci intentât la Publicienne contre le véritable propriétaire, la Publicienne ne serait juste ici que dans des cas très-rares, et presque toujours on arriverait à un résultat évidemment inique. Mais le préteur ne laissa pas le mal sans remède; il introduisit en faveur du propriétaire une mesure aussi juste que nécessaire. Pour échapper à la condamnation, le défendeur faisait modifier la formule de l'action par l'exception : *Si ea res possessoris non sit*, c'était l'exception *justi dominii ;* alors, pour que le juge ordonne au défendeur de restituer la chose, et le condamne à défaut de restitution, il ne suffira pas qu'il ait reconnu que la chose serait au demandeur, si sa possession eût duré un an; il faudra encore qu'il ait constaté que le défendeur qui la possède n'en est pas actuellement propriétaire.

Hâtons-nous d'ajouter que l'exception *si ea res possessoris non sit* conduirait à une grande injustice, si le propriétaire qui la fait valoir avait lui-même vendu et livré la chose à son adversaire, ou se trouvait héritier de celui qui avait vendu et livré. Dans ce cas, il lui devrait garantie en cas d'éviction; il ne doit donc pas l'évincer lui-même. Si donc le défendeur oppose ici à l'action du demandeur l'exception *justi dominii*, le préteur accordera au demandeur une réplique ainsi conçue: *At si non eam rem possessor* (ou *possessoris auctor*) *vendiderit* (ou *donaverit* en cas de donation) et *tradiderit;* l'introduction de cette réplique dans la formule de l'action, pour combattre l'inique exception du défendeur, mettra le juge à même de ne tenir compte au demandeur de sa qualité de propriétaire, qu'autant qu'il n'aurait pas vendu et livré lui-même et ne serait pas héritier de celui qui a vendu et livré. Dans le cas qui nous occupe, le demandeur peut encore user de la *replicatio doli mali*, car il y a certainement dol de la part du défendeur, à se présenter ainsi, dans son exception, comme propriétaire, après avoir vendu et livré la chose.

Lorsque la Publicienne sera exercée par celui qui a reçu du véritable propriétaire tradition d'une chose *mancipi*, la réplique, dont nous venons de parler, aura toujours pour effet de repousser victorieusement l'exception *justi dominii;* lorsque, au contraire, elle sera intentée par celui qui a reçu de bonne foi, *non domino*, une chose, cette même *replicatio rei venditæ et traditæ*, ou *doli mali*, ne pourra triompher de l'exception *justi dominii* du propriétaire, qu'autant que le vendeur aurait succédé au propriétaire, ou réciproquement (*Voy.* Ulpien, L. 4, § 32, D., *De doli et met. except.*). A la réplique *rei donatæ et traditæ* du demandeur, le propriétaire défendeur pouvait aussi, dans certains cas, opposer victorieusement à son tour une duplique, celle, par exemple, tirée de la loi Cincia, *si non contra legem Cinciam donatum est.*

## SECTION VII.

### *En quels cas la Publicienne peut-elle prévaloir contre le propriétaire.*

Il y a sept cas, d'après l'énumération de Cujas (*ad h. t.*, tom. 7, p. 341, 342), où la Publicienne peut prévaloir contre le propriétaire. Examinons successivement ces diverses hypothèses.

1°. Le possesseur de bonne foi est tenu, après l'instance engagée, de veiller à la conservation de la chose, tandis que, avant la litiscontestation, il n'était pas responsable de sa faute : *Rem alienam quasi suam neglexit.* Après la litiscontestation, il répond non-seulement du dol, mais même de la faute qui lui a fait perdre la possession. S'il venait à perdre cette possession par sa faute et non par son dol, il serait condamné à payer la juste estimation de la chose, estimation qui, dans ce cas, est faite par le juge, et pouvait obtenir la cession de l'action réelle du demandeur, afin d'être à même, par ce moyen, de se procurer la chose dont il a payé le prix. Maintenant, si nous supposons que le défendeur condamné à payer l'estimation de la chose a négligé de demander la cession de l'action civile, il ne souffrira pas de son omission, car le préteur, voyant une juste cause de possession dans le payement qu'il a fait et qui équivaut à un achat, viendra à son secours, et lui accordera l'action publicienne.

Le défendeur condamné pourra intenter cette action avec succès, même contre le propriétaire, s'il venait à rentrer en possession de la chose. En vain, celui-ci opposera l'exception *justi dominii;* il sera repoussé par la réplique de dol ; et, en effet, il y aurait dol de sa part à vouloir conserver une chose dont l'estimation lui a été payée (Dig., L. 63, *De rei vindic.*). Il faudrait décider autrement si le possesseur avait perdu la possession de la chose pour dol ; dans ce cas, il serait, d'un côté, condamné à payer au demandeur l'estimation de la chose, faite sur le serment de celui-ci ; et d'un autre côté, il ne pourrait ni demander la cession de l'action civile du demandeur, ni obtenir du préteur la Publicienne (L. 67 et 70, Dig., *De rei vindic.*).

2°. Ce second cas, où la Publicienne peut prévaloir contre le propriétaire, est développé dans la loi 14 de notre titre. Voici l'espèce : Titius donne mandat à Sempronius, son procureur, de vendre une chose ; la vente a lieu, en effet, et le prix est payé. Titius, se repentant, pour une raison ou pour une autre, d'avoir vendu, défend à Sempronius, son mandataire, de livrer la chose à l'acheteur ; mais Sempronius, sans tenir compte de ce contre-ordre, fait tradition de la chose vendue. L'acheteur n'a pas certainement acquis la propriété de la chose, parce que la tradition lui en a été faite contre la volonté du propriétaire ; mais s'il a été de bonne foi, il aura une possession qui le conduira à l'usucapion, et la protection du préteur ne lui fera pas défaut, soit qu'il attaque, soit qu'il soit attaqué. Si le propriétaire agit contre lui par revendication, le préteur lui accordera l'exception *si non auctor possessoris ex voluntate petitoris vendidit.* Si, plus tard, l'acheteur vient à perdre la possession de la chose, et qu'elle rentre entre les mains de Titius le propriétaire, cet acheteur intentera contre Titius la Publicienne, et contre l'exception *justi dominii* que lui opposera le propriétaire, il obtiendra du préteur la réplique *si non auctor meus ex voluntate tua vendidit* (*Voy*. L. 14 *h. t.*, et L. 1, § 2, Dig., *De except. rei vend. et trad.*).

3°. Primus achète de Secundus un fonds qui appartient à Tertius, et il prend tradition après en avoir payé le prix. Il réunit toutes les conditions requises pour arriver à l'usucapion, en supposant qu'il soit de bonne foi. S'il vient à perdre la possession du fonds, il est clair qu'il aura le droit d'intenter l'action publicienne. Secundus devient plus tard héritier de Tertius, de façon qu'il devient propriétaire; il reprend alors, d'une manière quelconque, possession du fonds, le vend à Mœvius et lui en transfère la possession. Primus intente l'action publicienne contre Mœvius. Celui-ci ayant acquis la chose *a vero domino*, cherchera à opposer l'exception *justi dominii;* mais cette exception sera paralysée par la réplique que présentera Primus, et cela est bien naturel. Car, si Secundus possédait lui-même, et que Primus intentât contre lui l'action publicienne, contre son exception *justi dominii*, Primus opposerait avec succès la *replicatio rei venditæ et traditæ*, ce qui obligerait le juge à ne pas tenir compte à Secundus de sa qualité de propriétaire : or, Secundus n'ayant pas pu transférer à Mœvius un droit plus efficace que celui qu'il avait lui-même, Mœvius ne doit pas se trouver dans une position meilleure que son auteur (*Voy*. L. 12, *De rei vendic.;* L. 2, *De except. rei vendit. et tradit.;* L. 4, § 32, *De doli mali except.*).

4°. Vous êtes propriétaire d'une maison voisine de la

mienne, votre maison menace ruine et je vous ai demandé de me donner caution de réparer le dommage que peut causer sa chute. Vous refusez : le préteur alors m'envoie par un premier décret en possession de votre maison; ce n'est là qu'une mesure provisoire, et, si vous persistez dans votre refus, le préteur, par un second décret, m'autorise à posséder (*jubet possidere*).

Le préteur ne m'élève pas au droit de la propriété *ex jure Quiritium*, mais il me met en position de devenir propriétaire par usucapion, et, en attendant, je pourrai me servir de l'action publicienne, si la possession m'échappe; et cette action publicienne, je l'intenterai avec succès, même contre vous propriétaire. Il est vrai que vous m'opposerez l'exception *justi dominii;* mais je n'en souffrirai guère, car le préteur m'accordera la *replicatio doli mali*, qui me fera triompher de votre exception (*Voy.* L. 18, § 15, *De damno infecto*).

5°. J'achète une chose de quelqu'un qui n'en est pas propriétaire; le véritable propriétaire de la chose intente contre moi la *rei vindicatio*, et je suis absous. Quelque temps après, je perds la possession de la chose, et j'intente l'action publicienne contre le propriétaire rentré en possession : il m'oppose l'exception *si non ejus sit res;* je la combattrai par la réplique *at si res judicata non sit;* car il convient qu'une question qui a été jugée ne puisse pas être remise en litige. Ce cinquième cas, où la Publicienne peut prévaloir contre le propriétaire, nous est offert par Julien (lib. 24, Dig., *De exceptione rei judicatæ*).

6°. Vous possédez de bonne foi un esclave appartenant à autrui; cet esclave commet un délit, dont j'ai eu à souffrir. J'intente contre vous l'action noxale, pour me faire indemniser, et à bon droit, car dans l'espèce je ne puis pas intenter cette action contre le maître; je ne puis l'intenter que contre le possesseur de l'esclave. Vous me faites l'abandon noxal, et vous me livrez l'esclave. Cette tradition me met dans la position où vous étiez vous même, possesseur de bonne foi; j'aurai donc par conséquent droit à l'usucapion et à l'action publicienne. Si j'en perds la possession et que ce soit le propriétaire qui la recouvre, j'agirai par l'action publicienne contre ce propriétaire, et s'il m'oppose l'exception *justi dominii*, je la combattrai par la *replicatio doli mali.* Il y aurait, en effet, dol de la part du propriétaire, à vouloir rester en possession de l'esclave sans indemniser celui qui a souffert du délit; il faut nécessairement qu'il me paye une indemnité, ou bien qu'il m'abandonne l'esclave (*Voy.* L. 28, Dig., *De nox. act.*).

7°. Ce septième cas où la Publicienne prévaudra contre le propriétaire lui-même, se trouve dans la loi 57, *Mandati.* Il est vrai que dans ce texte, tel qu'il est rapporté dans les Pandectes, l'action publicienne semble ne devoir pas être employée utilement *non utiliter*, mais nous n'hésitons pas à adopter pour cette loi la correction proposée par Cujas et admise par plusieurs auteurs, qui consiste à substituer les mots *non inutiliter* à ceux-ci : *non utiliter*. Cette leçon est appuyée sur le texte des *Basiliques*, et elle se trouve justifiée, tant par la façon dont la phrase est construite, que par le raisonnement d'équité qui la termine. Voici maintenant la teneur de ce texte. Un *venalitiarius*, marchand d'esclaves, en partant pour la province, constitue un mandataire en qui il a confiance, et le charge de vendre les esclaves qu'il a à Rome. Le mandataire vient à mourir, et ses héritiers, dans l'ignorance que par suite de cette mort le mandat s'est éteint, ont vendu les esclaves. Ainsi, dans l'espèce, les héritiers du mandataire n'ont pas eu l'intention malhonnête de s'approprier le prix, ce qui serait un vol et empêcherait les esclaves de pouvoir être usucapés, mais l'intention honorable, quoique fondée sur une erreur de droit, d'exécuter la mission confiée à leur auteur. L'acheteur étant, nous le supposons, de bonne foi, a usucapé les esclaves et en est ainsi devenu propriétaire Le marchand d'esclaves de retour de son voyage, et mécontent du marché qui ne présente pas assez d'avantage pour lui, veut intenter l'action publicienne contre les acheteurs de ses esclaves. Il peut intenter cette action, soit parce qu'il n'était qu'un possesseur de bonne foi en voie d'usucaper, soit parce que, tout en étant devenu propriétaire des esclaves, il préfère la Publicienne à la revendication, dont il redoute les difficultés. Il intente donc la Publicienne; les acheteurs des esclaves, propriétaires actuels, lui opposent l'exception *justi dominii*. Le préteur, prenant en considération la situation intéressante de ce marchand, à qui l'on ne peut reprocher aucune négligence; car il a choisi un mandataire ayant sa confiance, et n'a pas pu prévoir le décès de ce mandataire et l'erreur de ses héritiers; le préteur, disons-nous, protégera ce marchand de l'une des deux manières suivantes : ou bien il paralysera l'exception *justi dominii* des acheteurs, en rescindant par une restitution *in integrum* l'usucapion qui lui sert de fondement, et à cet effet il refusera à l'acheteur cette exception; ou bien, si les conditions propres à justifier la restitution demandée ne lui paraissent pas démontrées, il ne refusera pas l'exception *justi dominii* à l'acheteur, mais il accordera au marchand une réplique conçue *in factum*, qui permettra au demandeur de triompher de l'exception qui lui est opposée (*Voy*. L. 57, *Mandati*).

Telles sont les différentes hypothèses dans lesquelles l'action publicienne peut être intentée avec succès, contre le propriétaire lui-même.

Laissons maintenant de côté le légitime propriétaire, et supposons que la Publicienne est dirigée contre un possesseur ordinaire; serait-il juste qu'elle amenât toujours le triomphe de celui qui ne peut invoquer d'autre titre que celui-ci : « La chose m'a été vendue et livrée? » Non, sans doute, car il pourrait très-bien se faire que le possesseur attaqué eût lui-même acheté et reçu avec une égale bonne foi *a non domino;* les positions étant égales, auquel donner la préférence? A cet égard, les jurisconsultes romains n'étaient pas bien d'accord.

Julien, dont l'avis a été adopté par Ulpien (*Voy*. L. 9, § 4, *h. t.*), distingue à cet égard si les deux acheteurs ont acheté du même vendeur non propriétaire, ou de deux vendeurs différents également non propriétaires. Dans le premier cas, ces deux jurisconsultes préfèrent celui qui a été mis en possession le premier; dans le second cas, celui qui est actuellement en possession. Voici comment on peut motiver la décision de ces jurisconsultes : examinons successivement chacune des deux hypothèses.

Primus et Secundus ont acheté d'un même vendeur

non propriétaire, et Primus a été mis le premier en possession de la chose. Il devra avoir la préférence, disent Julien et Ulpien, bien que Secundus ait acheté le premier; car le vendeur qui a livré à un acheteur la chose, lui a transporté tout le droit qu'il pouvait lui transporter par tradition. Il ne pourrait plus exercer contre Primus l'action publicienne, qu'il aurait lui-même comme acheteur de bonne foi, sans être repoussé par l'exception de garantie. S'il venait à recouvrer la possession de la chose, il ne pourra donc plus, en la livrant ensuite à l'acheteur Secundus, mettre celui-ci dans une position plus avantageuse que celle où il est lui-même. Si donc à l'action de Primus Secundus opposait qu'il est lui-même *in causa usucapiendi*, Primus répliquerait que son adversaire ne peut pas être dans une situation préférable à celle de son auteur, que lui, Primus, aurait pu repousser, s'il avait eu affaire à lui, par l'exception *rei venditæ et traditæ*.

Supposons maintenant que Primus et Secundus ont reçu la même chose de deux auteurs différents, également non propriétaires. Ici Julien et Ulpien décident que celui-là aura gain de cause, qui est actuellement en possession. Et voici pourquoi : c'est que les deux traditions émanant d'auteurs différents, la première n'a pu en rien amoindrir l'effet de la seconde, et l'antériorité de tradition est complétement indifférente. Primus et Secundus ayant ici des auteurs distincts, leur possession à chacun d'eux est tout à fait indépendante de celle de l'autre; leur position est tout à fait identique, il faut donc appliquer la maxime *in pari causa melior est causa possidentis*.

Cette opinion de Julien et d'Ulpien ne semble pas

avoir été universellement admise par les jurisconsultes romains ; nous avons, en effet, un texte de Neratius (L. 31, § 2, *Dig.*, *De actione empti*) où ce jurisconsulte, qui appartenait à l'école Proculéienne, donne une décision différente. Soit que les deux acheteurs aient acheté du même vendeur, soit que chacun d'eux ait acheté d'un vendeur différent, on devra toujours, suivant lui, protéger celui-là d'entre les deux qui le premier a reçu tradition de la chose.

Quelques auteurs ont cherché à concilier Julien et Ulpien avec Neratius, mais toutes les explications qu'on a données à cet égard nous semblent inadmissibles. Nous croyons donc, avec la plupart des interprètes, que cette divergence d'opinion est réelle, et nous nous étonnons pour notre part qu'une troisième opinion ne se soit pas produite. Ne pourrait-on, en effet, soutenir qu'il serait plus logique de préférer toujours le détenteur actuel, malgré l'antériorité de l'une des deux traditions, conformément à la maxime *in pari causa melior est conditio possidentis?* L'une et l'autre tradition émanant d'un non-propriétaire, il semblerait que l'antériorité ne saurait conférer aucun droit, et que la possession actuelle devrait, dans tous les cas, l'emporter sur une possession qui n'existe plus. Que les deux acquéreurs aient acheté du même vendeur ou de deux vendeurs distincts, on pourrait, non sans raison, n'attacher aucune importance à cette circonstance.

Il résulte de ce que nous avons dit ci-dessus que, relativement aux traditions faites par un non propriétaire, la Publicienne, rarement efficace contre le propriétaire, pouvait souvent être inefficace contre un autre possesseur ayant titre et bonne foi.

La victoire du demandeur était, au contraire, certaine, lorsqu'il agissait par la Publicienne contre ceux qui manquaient de juste titre ou qui étaient de mauvaise foi.

# DROIT FRANÇAIS.

## DE LA PRESCRIPTION ACQUISITIVE DES IMMEUBLES.

### NOTIONS GÉNÉRALES.

La prescription, dit l'art. 2219, est un moyen d'acquérir par un certain laps de temps et sous les conditions déterminées par la loi (art. 2219).

Cette définition a été critiquée, et avec juste raison. Le temps est impuissant à détruire comme à créer ; il sert tout simplement de mesure à l'extinction ou à l'acquisition des droits. Quant à cette extinction ou à cette acquisition, il faut en chercher la cause ailleurs.

Les raisons qui servent à légitimer la prescription à l'effet d'acquérir sont en général très-complexes.

Spécialement, pour nous en tenir à notre législation, il peut se présenter des hypothèses diverses. Le possesseur n'a pas de titre ; quand il en a un, il n'est pas de bonne foi ; enfin les deux éléments du juste titre et de la bonne foi se trouvent réunis en sa personne. Voilà les circonstances multiples qui sont possibles.

En l'absence d'un titre, la prescription n'est autre chose que la présomption légale d'une acquisition antérieure dont le titre probatif se trouve perdu. Dès lors il n'y a pas lieu de rechercher si le possesseur est de bonne ou de mauvaise foi ; cela impliquerait contradiction. Étant donnée la présomption que le possesseur actuel tient la chose du véritable propriétaire, il serait contradictoire d'examiner la question de bonne ou de mauvaise foi, car ce serait admettre, contre l'hypothèse, qu'à l'origine il ne se rencontre pas de cause légitime d'acquisition.

Lorsqu'il y a un titre émané *a non domino,* la distinction entre le cas de bonne foi et celui de mauvaise foi doit, au contraire, éveiller l'attention du législateur. Hâtons-nous de dire que ce n'est point pour écarter la prescription dans l'hypothèse la moins favorable. Le travail prolongé, les intérêts nouveaux qui sont venus se grouper autour de cette possession défectueuse à l'origine, en ont, pour ainsi parler, purgé le vice ; des revendications exercées, après un certain nombre d'années, viendraient jeter le trouble, l'inquiétude dans les familles ; on pourrait dire que la loi vient prononcer ici une sorte d'expropriation pour cause d'utilité publique. La longue inaction du propriétaire, la négligence dont il s'est rendu coupable l'empêchent d'accuser d'injustice la déchéance prononcée contre lui. Bien loin de pouvoir réclamer une indemnité, il en devrait une, au contraire, à ceux qui ont cultivé, amélioré le fonds, créé une valeur. Et comment apprécier tout cela? Le parti le plus sage, celui qui ferme la porte aux procès, qui coupe court aux difficultés inextricables, ne consiste-t-il pas à laisser la chose au possesseur? N'est-ce point là la réparation qu'il convient de lui donner?

Qu'après cela, dans le calcul du temps, chose d'ailleurs arbitraire quant à la durée en elle-même, la loi tienne grand compte de la bonne ou de la mauvaise foi; elle le peut et elle le doit. Il serait choquant, immoral même, que les deux cas fussent placés sur la même ligne. Que le possesseur de mauvaise foi soit soumis à une épreuve plus longue, c'est de toute justice; moins fortes sont les atteintes conçues, moins pénibles sont les froissements produits par des réclamations tardives, et plus sévère doit se montrer le législateur dans la condition du temps.

Telles sont les idées générales qui ont guidé les rédacteurs du Code. Nous allons examiner comment ils les ont appliquées à la prescription acquisitive des immeubles. Nous écarterons de cette étude tout ce qui, dans les règles posées par la loi en matière de prescription en général, est commun à la prescription libératoire. Les spécialités de notre sujet, ainsi déterminées, nous paraissent se rapporter aux cinq idées générales que voici : 1° Caractère des choses susceptibles d'être acquises par la prescription; 2° possession, avec les conditions qu'elle peut réunir; 3° temps requis pour prescrire; ce qui amène à distinguer la possession trentenaire, et la possession décennale ou vicennale; 4° combinaison du temps et de la possession, quand celle-ci a été transmise; 5° prolongation du temps, au moyen des interruptions et des suspensions.

## CHAPITRE Ier.

### CARACTÈRE DES CHOSES SUSCEPTIBLES D'ÊTRE ACQUISES PAR LA PRESCRIPTION.

On ne peut pas prescrire le domaine des choses qui ne sont pas dans le commerce (art. 2226).

De là il résulte que les choses du domaine public ne peuvent être prescrites.

Mais les choses du domaine privé, soit de l'État, soit des communes et des établissements publics, peuvent l'être (art. 2227).

Cette distinction entre le domaine public et le domaine privé de l'État, est une idée moderne. Dans l'ancien droit, ces deux domaines étaient confondus, et tous les deux étaient inaliénables et imprescriptibles (Édit du 30 juin 1539 et ord. de février 1566).

Mais la loi des 22 novembre et 1er décembre 1790 opéra la séparation. Le domaine de l'État fut déclaré aliénable, en vertu d'une loi (art. 8), et prescriptible par quarante ans (art. 36). Aujourd'hui, l'État étant soumis aux mêmes prescriptions que les particuliers (art. 2227), le délai de la prescription est de trente ans (art. 2262).

Pourtant, l'ancienne confusion a laissé des traces. Ainsi, le Code range les lais et relais de la mer dans la catégorie des choses du domaine public (art. 538), et cependant ils appartiennent au domaine privé de l'État.

Par exception, certains objets de ce domaine ne sont pas soumis à la prescription. Ainsi, sont imprescriptibles ceux qui sont affectés à la dotation de la couronne, tant que dure cette destination.

Faut-il en dire autant des grandes masses de bois? L'affirmative n'était pas douteuse, sous l'empire de la loi de 1790. Les grandes masses de bois et forêts étaient inaliénables et imprescriptibles. Cela n'avait point été changé par l'art. 2227 ; la règle générale formulée dans cette disposition existait déjà lors de la promulgation de la loi de 1790, et elle était restée sans influence sur l'exception dont il s'agit; mais, en vertu de la loi du 25 mars 1827, les grandes masses dont nous parlons ont été affectées à la caisse d'amortissement; devenues aliénables en vertu d'une loi, elles sont aujourd'hui susceptibles de prescription (cassation, 1856).

## CHAPITRE II.

### DE LA POSSESSION.

La possession, quelle que soit l'origine étymologique du mot, est la détention physique d'une chose physique sur laquelle on accomplit des actes divers. Ainsi, on peut se comporter vis-à-vis d'elle comme propriétaire, usufruitier, comme exerçant une servitude réelle. Telle est l'idée simple, élémentaire que l'esprit saisit *a priori*.

Mais tel n'est pas le langage du législateur. Quant on fait sur la chose un acte de maître, de propriétaire, il dit qu'on possède cette chose. Quant on se contente d'exercer un démembrement de la propriété, il dit qu'on a la jouissance d'un droit. C'est là la *quasi possessio juris* des Romains.

Les rédacteurs du Code ont consacré ici le langage ordinaire, qui nomme la chose lorsqu'en réalité il affirme le droit de propriété, et qui est bien forcé de nommer le droit quand il parle d'usufruit ou de servitude.

La possession est donc, d'après la loi, la détention ou la jouissance d'une chose ou d'un droit (art. 2228). Maintenant, pour avoir cette possession ou cette jouissance, il n'est pas nécessaire que nous détenions ou que nous jouissions par nous-mêmes ; un autre peut nous servir d'instrument, et détenir ou jouir en notre nom (art. 2228).

La possession conduit à la prescription, pourvu qu'elle réunisse certains caractères. Nous allons voir quels sont ces caractères, quelle en est la portée ; enfin, à qui incombe le fardeau de la preuve, quand ils sont affirmés d'une part et déniés de l'autre.

### § 1. — Caractère de la possession.

L'art. 2229 dit : *Pour pouvoir prescrire, il faut une possession continue et non interrompue, paisible, publique, non équivoque, et à titre de propriétaire.* .

Reprenons successivement chacune de ces conditions.

#### 1° *Continuité.*

La continuité est une série d'actes assez rapprochés les uns des autres, eu égard à la nature de la chose, pour qu'on puisse en induire que celui qui les fait, se comporte comme un véritable propriétaire. En ce sens, une servitude qui, pour s'exercer, a besoin du fait naturel de l'homme, une servitude discontinue peut fort bien être l'objet d'un exercice continu. Aussi, l'imprescriptibilité d'une pareille servitude tient-elle à certaines raisons spéciales qui seront exposées plus loin. C'est l'*animus possidendi*, qui relie entre eux les actes nécessaires pour fonder la prescription continue, et qui vient combler la lacune qui les sépare.

### 2° *Non interruption.*

Il y a interruption de la possession, lorsque le possesseur est privé, pendant plus d'un an, de la jouissance de la chose, soit par le propriétaire, soit même par un tiers (art. 2243). Tant que ce délai n'est pas expiré, l'action possessoire est possible (art. 23, Cod. pr.), et fait considérer la possession comme n'ayant pas été perdue. C'est l'application de la maxime : *Qui habet actionem ad rem recuperandam, ipsam rem habere videtur*. Les termes de la loi : *pendant plus d'un an*, rappellent l'an et jour de l'ancien droit. On les applique, du reste, à la lettre, quand on part de l'idée que la fraction du *dies a quo*, la fraction du jour où l'usurpateur a commencé de posséder doit être négligée, et ne compte pas dans le calcul de l'année que doit avoir duré l'usurpation, pour exclure l'action possessoire (art. 23, Cod. pr.).

Il ne faut pas confondre la discontinuité avec l'interruption de la possession. La discontinuité vient du possesseur lui-même; l'interruption est le fait d'un tiers. Ensuite, il peut y avoir interruption, sans que pour cela il y ait discontinuité. On n'a qu'à supposer un fonds sur lequel on fait des actes de possession tous les cinq ans, par exemple ; si le possesseur est dépossédé par un tiers pendant plus d'un an, la possession sera interrompue (art. 2243); mais elle n'aura pas cessé d'être continue.

### 3° *Possession paisible.*

La possession n'est pas paisible, quand elle est fondée sur des actes de violence (art. 2233) ; elle ne l'est pas non plus quand elle est conservée par la violence. Toutefois, ce n'est pas là un obstacle perpétuel ; la possession utile commence, quand la violence a cessé (art. 2233, 2e alinéa). L'article 2233 abroge la théorie romaine à un double point de vue : d'abord, la violence n'est plus un vice qui s'attache à la chose, et la suive entre quelques mains qu'elle passe : elle peut être opposée seulement à celui qui s'en est rendu coupable ; ensuite, pour qu'elle soit purgée, il n'est plus nécessaire que la chose ait fait retour entre les mains du véritable propriétaire,

On s'est demandé si la possession paisible ne doit point être entendue dans un autre sens. On l'a prétendu, en disant qu'une possession troublée par des actes de violence de la part des tiers ne pouvait conduire à la prescription, que tel était le sens du mot *paisible* dans l'art. 2227 ; qu'autrement l'art. 2223 serait complètement inutile. Mais on peut répondre qu'il était fort utile de prononcer formellement l'abrogation du droit romain, dans les deux sens indiqués ci-dessus, et que tel a été le but de l'art. 2223. Nous ne voulons pas dire par là que le possesseur auquel des tiers susciteront des troubles violents puisse prescrire ; mais, s'il en est empêché, c'est que sa possession aura un caractère équivoque.

### 4° *Possession publique.*

La possession doit se révéler par des actes tels que

tout le monde puisse savoir que celui qui les fait se conduit comme un véritable maître. Au premier abord, cette condition de publicité semble exclure la possibilité d'acquérir par la prescription la propriété d'un souterrain. Et cependant cette possibilité existe en vertu de l'art. 553. C'est que l'existence du souterrain peut se manifester à l'extérieur par un soupirail.

Du reste, la clandestinité qui a vicié la possession à son origine peut cesser, et alors la prescription deviendra possible (arg. 2223).

### 5° *Possession à titre de propriétaire.*

Celui qui, possédant une chose, ou exerçant la jouissance d'un droit, veut acquérir par la prescription cette chose ou ce droit, doit avoir l'*animus sibi habendi*. S'il n'est que l'instrument de la détention ou de la jouissance d'autrui, sa possession est entachée du vice de précarité. Il s'agit alors d'une précarité conventionnelle expresse. Il y a une précarité d'une autre nature, une précarité tacite qui s'attache aux actes de pure faculté ou à ceux de simple tolérance. Examinons-les l'une et l'autre.

#### *A*. Précarité conventionnelle expresse.

Quels sont les détenteurs précaires? Transmettent-ils le vice de leur possession à leurs ayants cause? Peuvent-ils le faire cesser et comment? Tels sont les trois points sur lesquels doit porter notre attention.

Et d'abord quels sont les détenteurs précaires? Voici la formule générale qui fournit le *criterium* pour les reconnaître. Sont détenteurs précaires tous ceux dont la possession s'explique par un titre. *Titulus clamat contra eos*, comme disait d'Argentré.

Cette formule comprend :

Le dépositaire et le commodataire ;

Le fermier, lors même que le bail serait terminé, car la possession qui suit l'expiration du bail est la conséquence, la prolongation, pour ainsi dire, de la possession antérieure ;

L'usufruitier : ici pourtant il faut s'entendre. L'usufruitier possède précairement, au point de vue de la nue propriété, au point de vue de la *possessio rei ;* mais, en ce qui touche l'usufruit lui-même, il a l'*animus sibi habendi ;* d'où il suit que s'il tient sa jouissance de quelqu'un qui n'était pas propriétaire, il pourra usucaper l'usufruit ;

Les envoyés en possession, soit provisoire, soit définitive, dans l'hypothèse du retour de l'absent ;

Le mari administrateur des biens de sa femme, en vertu du régime du mariage ; sans nul doute, tant que le mariage subsiste, la prescription trouve un obstacle dans la qualité d'épouse (art. 2253), et il est complétement inutile de recourir à l'idée de précarité ; mais cette qualité cessant par la dissolution du mariage, celle de détenteur précaire existe toujours et empêche le mari de prescrire ;

Le tuteur administrateur des biens du mineur. Sans doute encore, pendant tout le cours de la tutelle, la minorité est une cause suffisante de suspension de la prescription ; mais si, après la cessation de la tutelle, l'ex-tuteur continuait à détenir la fortune de l'ex-pupille, la prescription ne pourrait pas courir à raison du vice de précarité.

Toutes les personnes que nous venons d'énumérer ont un titre qui explique pourquoi elles possèdent ; et voilà pourquoi elles sont des détenteurs précaires. Il faut donc se garder de ranger dans la même catégorie le vendeur qui, après avoir reçu le prix, reste possesseur de l'immeuble, parce que, par exemple, l'acheteur est mort, laissant des héritiers qui ignorent la vente. Il est bien vrai qu'il est obligé de livrer ; mais celui qui a été condamné à désemparer un fonds est aussi obligé à le livrer, et cependant, s'il en reste possesseur, il prescrira. Il en est de même du vendeur dans notre espèce. Son titre, bien loin d'expliquer pourquoi il possède, explique plutôt pourquoi il ne devrait pas posséder. Cependant il faudrait donner une autre solution, dans le cas où l'acte de vente contiendrait fixation d'un terme dans lequel le vendeur devrait restituer. Il va sans dire aussi que s'il était resté en possession, en vertu d'un constitut possessoire, il devrait, sans aucun doute, être considéré comme un détenteur à titre précaire.

Voyons, en second lieu, si le détenteur précaire transmet le vice de sa possession à ses ayants cause. Distinguons, avec la loi, entre les ayants cause universels et les ayants cause à titre particulier.

*Ayants cause universels.* Les héritiers de ceux qui tenaient la chose, à quelqu'un des titres désignés par l'art. 2236, ne peuvent non plus prescrire, par quelque laps de temps que ce soit (art. 2237). Et il faut ici placer sur la même ligne tous ceux qui succèdent *in universum jus,* sans qu'il y ait lieu de distinguer entre les continuateurs de la personne et les simples successeurs aux biens.

Les héritiers de l'usufruitier sont traités comme ceux du fermier. Cependant le fermier transmet son titre à ses héritiers ; l'usufruitier ne leur transmet pas le sien, et l'on conçoit qu'on eût introduit une différence à cet égard. Mais le législateur est parti de l'idée que les héritiers de l'usufruitier continuaient la possession de leur auteur avec le vice originaire qui l'infectait.

*Ayants cause à titre particulier.* Les ayants cause à titre particulier des détenteurs précaires peuvent prescrire (art. 2239). C'est qu'ici l'on ne se trouve pas en présence d'une possession qui continue, mais d'une possession qui commence, et qu'elle n'est pas vicieuse.

Enfin le detenteur précaire peut-il lever l'obstacle qui s'oppose à ce qu'il prescrive?

On ne peut prescrire contre son titre, en ce sens que l'on ne peut se changer à soi-même la cause de sa possession (art. 2240). Cela signifie qu'on ne peut, par une opération purement intellectuelle et mentale, changer sa qualité de détenteur précaire en un titre de possesseur *animo domini*. Cette règle, dans la forme dont elle est revêtue, a été empruntée au droit romain où l'on disait : *Nemo sibi causam possessionis mutare potest ;* mais elle n'avait pas, dans la pensée des jurisconsultes, la même signification, et elle ne pouvait l'avoir. En effet, quand bien même celui qui détenait pour autrui aurait pu se changer à soi-même la cause de sa possession, il n'eût pu pour cela usucaper, vu sa mauvaise foi. Toutefois, la maxime avait un intérêt lorsqu'il s'agissait de l'*usucapio lucrativa pro herede* et des interdits. Ainsi, le fermier du défunt ne pouvait, en intervertissant lui-même son titre, usucaper l'hérédité *pro herede*, et celui qui n'avait pas l'*animus domini* ne pouvait, par une interversion semblable, se procurer la *possessio ad interdicta*.

Quoi qu'il en soit, dans notre droit moderne, la mauvaise foi n'est point un obstacle à la prescription, et la règle que nul ne peut se changer à soi-même la cause de sa possession présente la plus grande utilité pratique. Elle est, du reste, fondée sur cette idée qu'une possession clandestine ne peut conduire à la propriété par la prescription.

Mais l'interversion du titre s'opère efficacement : 1° par une contradiction opposée aux droits du véritable propriétaire; 2° par une cause venant d'un tiers (article 2232).

*Contradiction opposée au droit du véritable propriétaire.* — Un fermier refuse de payer le prix du bail, en contestant à son bailleur la qualité de propriétaire; à partir de ce moment, son titre se trouve valablement interverti, et il peut commencer à prescrire. Le propriétaire ne peut plus prétexter ignorance, et la clandestinité de l'interversion disparaissant, la précarité s'évanouit aussi.

*Cause venant d'un tiers.* — Un tiers se présentant comme propriétaire, vend au fermier l'immeuble donné à bail. Le titre de détenteur précaire fait encore place à celui de possesseur *animo domini*, et cette substitution rend la prescription possible. Il n'est pas nécessaire pour cela que l'interversion soit notifiée au propriétaire, car alors elle ferait double emploi avec la contradiction dont nous avons parlé en premier lieu. Il n'est pas nécessaire non plus que le détenteur soit de bonne foi; la loi ne l'exige pas. Sans doute, les abus sont possibles; mais les tribunaux sont investis d'un pouvoir discrétionnaire pour les réprimer, et pour examiner jusqu'à quel point la cause venant d'un tiers est sérieuse, et ne laisse pas la possession entachée du vice de clandestinité.

*B.* Précarité tacite.

Les actes de pure faculté et ceux de simple tolérance ne peuvent fonder ni possession ni prescription (article 2232).

Les actes de pure faculté sont ceux que le propriétaire peut faire sur son fonds, en vertu du droit commun qui régit la propriété foncière, et dont il peut s'abstenir. Quelque long que soit le temps pendant lequel il a bien voulu les accomplir, ou pendant lequel il a omis de les faire, le voisin ne peut élever la prétention d'avoir acquis par prescription le droit d'exiger le maintien de l'état des choses. Cela revient à dire en définitive que les servitudes non apparentes ne peuvent s'acquérir par prescription.

Les actes de simple tolérance sont ceux que l'on exécute sur le fonds d'autrui, avec la permission tacite du maître, qui veut vivre avec vous, en relation de bon voisinage. La règle qui les concerne et qui est formulé dans l'art. 2232, est adéquate à celle-ci : les servitudes discontinues ne peuvent être prescrites. On voit maintenant ce qui s'oppose à la prescription de ces sortes de servitudes : ce n'est pas qu'elles soient non susceptibles de possession continue; c'est que leur exercice, quand il n'est pas fondé sur un titre, est entaché de précarité.

6° *Possession non équivoque.*

En prescrivant que la possession ne soit pas équivoque, le législateur n'a pas voulu former une condition particulière de la possession à l'effet de prescrire. Il veut tracer aux juges une règle de conduite, et leur recommander de rejeter les prétentions du possesseur, pour peu qu'il puisse surgir un doute sur le point de savoir si sa possession réunit les caractères voulus. Ceci, du reste, s'éclaircira, quand nous déterminerons la personne à laquelle incombe le fardeau de la preuve.

§ 2. — Nature des vices de la possession.

Les vices de la possession sont-ils absolus ou relatifs? Telle est maintenant la question qu'il faut résoudre. Elle se présente à propos de la violence, de la clandestinité et de la précarité.

A l'égard de la violence, il faut sans hésitation décider que c'est là un vice purement relatif. De là, il suit que si j'expulse par violence un possesseur non propriétaire, je pourrai prescrire contre le propriétaire, car je n'ai rien fait qui ait pu l'empêcher de revendiquer.

Quant à la publicité, il peut se faire que la possession ait été connue de tous excepté du propriétaire, ou bien, à l'inverse, qu'elle ait été connue du propriétaire et ignorée de tous autres. Dans la première hypothèse, la prescription aura couru. Il suffit d'avoir possédé *au vu et au seu de tous ceux qui l'ont voulu voir et savoir;* comme disait la coutume de Melun. Tant pis pour le propriétaire s'il a ignoré ce que tout le monde savait. Dans le second cas, même solution : qu'importe, que tout le monde ait ignoré la possession, si le propriétaire l'a connue (arg. de l'art. 553).

En ce qui touche la précarité, elle est absolue. La raison en est que la possession précaire n'est pas une possession : cela nous paraît tranchant. Ainsi, le fermier ne peut prescrire ni contre le *non dominus* de qui il tient, ni contre le *dominus* de qui il ne tient pas. Mais, dira-t-on, quel intérêt peut donc avoir le véritable propriétaire à prétendre que le détenteur précaire n'a pas prescrit, puisque c'est le *non dominus* qui aura prescrit par l'intermédiaire du détenteur précaire? Cela est vrai, en thèse générale; mais supposons qu'entre le *non dominus* et le *dominus* il existe une cause de suspension de la prescription; c'est, par exemple, un mari qui a constitué un usufruit sur un immeuble de sa femme : dans ce cas, celle-ci est évidemment intéressée à prétendre que si le détenteur a prescrit le droit d'usufruit, il n'a pas du moins prescrit la nue propriété; d'une part, il n'a pu la prescrire pour lui-même; d'autre part, il n'a pu la prescrire pour le mari, celui-ci ne pouvant prescrire contre sa femme.

La théorie que nous venons d'imposer sur le vice de précarité paraît au premier abord contredite par le caractère que la loi reconnaît, en matière d'absence, aux envoyés en possession soit provisoire, soit définitive. Voici, en effet, les trois cas qui se présentent.

1° L'absent reparaît. Il reprend ses biens à l'aide d'une action en revendication, sans que les envoyés en possession, considérés à son égard comme détenteurs précaires, puissent lui opposer aucune prescription.

2° On connaît la date précise du décès de l'absent. Les héritiers les plus proches au jour du décès reprennent les biens, à l'aide d'une action en pétition d'hérédité; mais cette fois, ils seront obligés d'agir dans les trente années à partir du décès prouvé, faute de quoi ils seront repoussés par la prescription. Vis-à-vis d'eux, les envoyés possèdent *animo domini*.

3° La même incertitude continue à planer sur l'existence de l'absent; mais l'envoi en possession a été accordé à des héritiers qui n'étaient pas les plus proches au jour de la disparition ou des dernières nouvelles. Ceux qui étaient les plus proches en ce moment-là peuvent reprendre les biens de l'absent à l'aide d'une *hereditatis possessio utilis*, à la charge par eux de l'intenter dans les trente années, soit à compter de l'envoi provisoire, soit à compter de l'envoi définitif, s'il s'agit d'enfants ou descendants; autrement, la prescription pourra bien être opposée ; car, encore une fois, à leur égard les envoyés ne sont pas des détenteurs précaires (art. 130 à 133).

N'est-ce pas là la réfutation directe de la doctrine qui consiste à considérer le vice de précarité comme absolu? Nullement. Le caractère du droit conféré aux envoyés en possession est tenu en suspens, et se trouve rétroactivement déterminé par les événements ultérieurs. L'absent reparaît-il ou donne-t-il des nouvelles de son existence, les envoyés auront toujours été des détenteurs précaires; ne reparaît-il jamais, soit que sa mort ait été prouvée, soit que son sort reste incertain, ils auront toujours été des possesseurs *animo domini*.

§ 3. — A qui incombe le fardeau de la preuve.

Quant au fait de la possession, il doit évidemment être prouvé par celui qui l'allègue, et s'il ne parvient pas à dissiper tous les doutes du juge, sa possession sera équivoque.

Si le débat porte sur les caractères de la possession, il y a des distinctions à faire.

Supposons tout d'abord que le procès soit engagé sur la continuité ou la discontinuité. Celui qui prétend avoir prescrit doit prouver : 1° le commencement de sa possession; 2° la possession actuelle. Fait-il cette double preuve, il est présumé avoir possédé pendant le temps intermédiaire : *Probatis extremis, præsumuntur media* (art. 2234). Cette présomption légale devra être combattue et détruite par l'adversaire; sans cela, il y aura prescription. Mais si, dans l'esprit du juge, il reste le moindre nuage sur le commencement de la possession et sur la possession actuelle, il y aura équivoque, et par suite pas de prescription.

En ce qui touche l'interruption, elle devra être prouvée par celui qui s'en prévaut. Et c'est là une nouvelle différence à signaler entre l'interruption et la discontinuité. Tandis que la continuité doit, dans une certaine mesure, être démontrée par le possesseur, il n'a aucune justification à fournir quant à la non-interruption.

La violence ne se présume pas. C'est donc à celui qui l'allègue à en justifier.

La preuve de la publicité incombe au possesseur, et ici encore, s'il ne parvient pas à détruire tous les doutes, l'*équivoque* qu'il aura laissé subsister lui nuira.

Enfin, en ce qui touche l'*animus sibi habendi*, il est toujours présumé (art. 2230). C'est à la personne dont les intérêts sont blessés par cette présomption qu'il appartient de démontrer qu'elle est contraire à la vérité. Mais il lui suffit, pour cela, de prouver que le détenteur actuel a commencé à posséder à titre précaire (art. 2231). Cette justification faite, c'est au détenteur actuel à faire valoir l'interversion, soit par une cause venant d'un tiers, soit par une contradiction opposée aux droits du véritable propriétaire. Si la preuve qu'il fournit à ce sujet est insuffisante, la possession revêtira un caractère équivoque, qui aura rendu la prescription impossible.

## CHAPITRE III.

### DU TEMPS.

La détermination du temps requis pour prescrire présente par elle-même quelque chose d'arbitraire. Toutefois, il est rationnel d'admettre une différence dans cette détermination, suivant les circonstances qui rendent le possesseur plus ou moins favorable. Le législateur distingue à cet égard deux grandes hypothèses. En l'absence de titre, la prescription s'accomplit par trente ans; peu importe la bonne ou la mauvaise foi du possesseur. Lors au contraire qu'il y a un titre, la question de bonne ou de mauvaise foi prend une grande importance ; car, suivant qu'elle est résolue dans un sens ou dans l'autre, la prescription est soit trentenaire, soit décennale, ou vicennale

## SECTION 1re.

### *De la prescription trentenaire.*

L'art. 2262 dit : « Toutes les actions tant réelles que personnelles sont prescrites par trente ans, sans que celui qui allègue cette prescription soit obligé de rapporter un titre, ou qu'on puisse lui opposer l'exception déduite de la mauvaise foi. »

Voilà, quant aux actions personnelles, une disposition on ne peut plus exacte. L'inaction du créancier, prolongée pendant trente ans, suffit en effet pour éteindre son droit; mais il n'en est pas de même de celle du propriétaire : pour que la prescription acquisitive puisse s'accomplir à son détriment, il faut que sa négligence vienne se combiner avec la possession d'autrui.

Les droits qui peuvent être acquis par la prescription de trente ans sont :

La propriété;

L'usufruit;

Les servitudes continues et apparentes (art. 690).

C'est là une innovation des rédacteurs du Code. Les coutumes de Paris et d'Orléans disaient : *Nulle servitude sans titre*; de là notre ancienne jurisprudence avait conclu, qu'à l'égard des servitudes continues et apparentes, il n'y avait de prescription possible que celle qui supposait un titre, à savoir la prescription de dix ou de vingt ans.

La liberté d'un immeuble grevé d'hypothèque, quand il est passé entre les mains d'un tiers détenteur (article 2180-4°);

L'hérédité. Il ne faut pas confondre la prescription de la faculté d'accepter ou de répudier une succession (article 789), avec celle de la pétition de l'hérédité. Quelle que soit l'interprétation de l'art. 789 que l'on adopte, il ne s'agit pas là d'une prescription acquisitive, et l'étude de cette disposition ne rentre pas dans notre sujet; nous supposons un héritier apparent qui, pendant trente ans, a possédé l'hérédité, s'est comporté comme le véritable héritier. Au bout de ce temps, la pétition d'hérédité ne peut plus être exercée contre lui (art. 137, C. Nap.).

## SECTION II.

### *De la prescription de dix ou de vingt ans.*

Nous verrons successivement ce qui a trait au juste titre, à la bonne foi, au temps, aux droits qui sont susceptibles de cette prescription.

#### § 1er. — Du juste titre.

Le juste titre n'a été nulle part défini par la loi. Aussi ce silence a-t-il donné lieu à des interprétations diverses.

Suivant les uns, le juste titre est un fait juridique, qui indique chez une personne l'intention de transférer la propriété à une autre.

Suivant les autres, le juste titre consiste dans un ensemble de circonstances susceptibles d'inspirer à un homme raisonnable, en général, la croyance qu'on est devenu propriétaire.

La première de ces deux formes suppose un titre réel, et restreint l'application de la prescription de dix et de vingt ans. La seconde comprend même le titre putatif, et le domaine de la prescription de dix et de vingt ans se trouve ainsi élargi. Nous allons successivement nous occuper du titre réel et du titre putatif.

### I. Du titre réel.

Les justes titres, dans le sens de la définition restreinte, sont désignés encore aujourd'hui, du moins plusieurs d'entre eux, par le nom qu'ils avaient en droit romain. Ce sont :

1° Le titre *pro emptore*. Il consste dans le contrat de vente, et comprend la *datio in solutum* d'une chose pour une somme d'argent.

2° Le titre *pro donato*. *Pro donato usucapit is cui donationis causa res tradita est*. (L. 1, *Pro donato*).

3° Le titre *pro legato*. Le legs, de même que la donation, est un juste titre qui est de sa nature translatif de propriété. Il doit par conséquent donner au légataire le droit d'acquérir par prescription la chose qui lui a été livrée à ce titre, lorsque celui qui la lui a délivrée n'en était pas le propriétaire.

4° Le titre *pro soluto*. Il faut pourtant observer que lorsque c'est la chose même, objet de l'engagement, qui a été payée, le titre *pro soluto* se confond avec le titre même producteur de l'obligation, et n'en est que l'exécution. Ainsi, je reçois un immeuble qui m'était dû en vertu d'une vente, j'usucape *pro emptore* en même temps que *pro soluto*. Mais ce dernier titre domine seul, quand il y a une *datio in solutum*, à moins que l'on ne donne une chose pour de l'argent, auquel cas la dation en payement se rapproche de la vente.

Les Romains admettaient le titre *pro derelicto*. Aujourd'hui, l'abandon d'un immeuble est difficilement supposable; mais si le cas se présentait, l'immeuble abandonné appartiendrait à l'État, comme bien vacant et sans maître (art. 713), à supposer que l'auteur de l'abandon fût propriétaire, et, dans le cas contraire, ce serait l'État qui prescrirait *pro derelicto*.

Il peut arriver que le produit de certains immeubles soit insuffisant pour acquitter la contribution à laquelle ils sont soumis. Tels sont les terrains habituellement inondés ou ravagés par les eaux, les terres vaines et vagues, les landes et bruyères. La loi du 3 frimaire an VII impose aux particuliers qui veulent s'affranchir de la contribution, l'obligation d'abandonner ces immeubles à la commune dans laquelle ces fonds sont situés. Ce sera donc la commune qui deviendra propriétaire ou qui prescrira *pro derelicto*, suivant que l'abandon sera fait *a domino* ou *a non domino*.

Le titre *pro dote* était, lui aussi, dans le droit romain une *justa causa*. Rien de plus naturel. Quand la dot était constituée *a domino*, le mari en acquérait la propriété; d'où il suivait que, dans le cas où la constitution de dot émanait *a non domino*, le mari usucapait *pro dote*.

Il en était de même dans nos pays de droit écrit; mais, dans les pays de coutume, le titre de dot n'était pas translatif, il ne conférait au mari que l'administration et la jouissance, et ce système a été suivi par les rédacteurs du Code. Aujourd'hui donc, le mari n'est qu'un détenteur précaire des biens dotaux, et quand ils appartiennent à la femme, il les prescrit pour elle, en vertu du titre indépendant dont elle peut être investie. Il y a cependant des cas dans lesquels elle a l'intention de transférer à son conjoint la propriété des biens qu'elle se constitue en dot, lorsque, par exemple, il s'agit des immeubles estimés, dans le contrat, avec déclaration expresse que l'estimation vaut vente (article 1552); mais il ne serait pas rigoureusement exact de dire que les immeubles sont prescrits *pro dote*, ils le sont plutôt *pro emptore*, car ce qui est dotal dans l'espèce, c'est le prix d'estimation. Même observation relativement à l'immeuble donné en payement à la place de la somme promise à titre de dot (art. 1553, 2e alinéa). Que si l'on suppose, dans un contrat de mariage, un tiers qui intervient pour faire une donation à la femme, c'est le titre *pro donato* dont il s'agit, et si le donateur n'est pas propriétaire, la femme usucapera *pro donato* par l'intermédiaire du mari.

En ce qui touche le titre *pro herede*, il ne peut pas non plus servir de base à la prescription de dix et de vingt ans. Voici les deux hypothèses qui sont, à cet égard, possibles. C'est le véritable héritier qui veut prescrire un immeuble possédé par le défunt, mais ne lui appartenant pas. Dans ce cas, il continue la possession de son auteur. C'est un héritier apparent qui se met en possession de la succession. Au bout de trente ans de possession, il pourra repousser la pétition d'hérédité de l'héritier véritable; mais quand bien même il serait de bonne foi, il ne saurait invoquer la prescription de dix et de vingt ans; le titre d'héritier lui fait défaut : du reste, l'art. 2265 ne s'applique qu'aux immeubles, et nullement aux universalités.

Quant à la transaction, elle est vraiment attributive

de droits, en ce qui touche les immeubles non litigieux cédés par l'une des parties à l'autre comme condition de l'arrangement intervenu. A ce point de vue, c'est un juste titre. Ce caractère est plus douteux relativement aux immeubles qui sont l'objet du procès; nous croyons cependant que, même à cet égard, il n'y a pas de différence à établir; celle des parties qui abandonne à l'autre la chose litigieuse, moyennant un avantage qu'elle reçoit de son adversaire, a l'intention de lui transporter le droit de propriété, certain ou douteux, à ses yeux, qu'elle peut avoir sur cette chose (L. 8, C., *De usucap. pro empt.*; L. 27, D., *De usurp. et usucap.*).

Le jugement ne doit pas être placé sur la même ligne que la transaction; il est purement déclaratif de droits préexistants, et n'indique chez personne, ni chez le juge ni chez la partie qui succombe, l'intention de transférer la propriété; il peut, tout au plus, fortifier chez celui qui triomphe la croyance dans la légitimité du titre en vertu duquel il a plaidé; mais c'est à ce titre qu'il faut toujours remonter.

Nous venons de voir ce qu'est en soi le juste titre; il faut examiner maintenant quelles sont les conditions nécessaires pour qu'il puisse être invoqué.

Et tout d'abord, il faut qu'il soit valable; mais ceci est soumis à des distinctions.

En premier lieu, il peut s'agir d'une nullité de forme; alors il importe de savoir si la forme est requise *ad solemnitatem* ou *ad probationem tantum*. Si elle est requise *ad solemnitatem*, et qu'elle n'ait point été remplie, le titre sera non avenu et ne pourra être invoqué. Ainsi en est-il d'une donation faite par acte sous seing privé ou en présence de témoins n'ayant pas la capacité requise. Toutefois, si cette nullité, qui à l'origine est absolue, vient à se transformer en une nullité relative par le décès du donateur (art. 1340), et que ses héritiers la ratifient en livrant l'immeuble donné, le vice se trouve purgé, et la prescription décennale ou vicennale peut s'appuyer sur le titre ainsi confirmé.

Si la forme est requise *ad probationem tantum*, et qu'elle fasse défaut, tout ce qui en résultera, c'est que l'acte dont il s'agira ne pourra servir à prouver le titre; mais le fait juridique intervenu entre les parties pourra être justifié par un autre moyen. Ce moyen ne pourra néanmoins consister dans l'aveu ou le serment, qui ne sont susceptibles de porter que sur les faits personnels (art. 1359). Soit un acte de vente non fait double; s'il n'a pas une date certaine antérieure au jour où l'on prétend faire remonter la possession, il ne pourra être invoqué (art. 1328); mais, dans le cas contraire, il pourra l'être, car le vice de l'acte est couvert par l'exécution volontaire (art. 1325, *in fine*).

En ce qui touche les nullités de fond, il faut encore soigneusement séparer les nullités absolues et les nullités relatives. Les nullités absolues peuvent être opposées par les tiers intéressés; le propriétaire se prévaudra efficacement de celles qui entachent le titre. Qu'un condamné à une peine perpétuelle, par exemple, donne un immeuble dont il n'est pas propriétaire, la donation ne sera pas un juste titre.

Les nullités relatives, au contraire, ne peuvent être demandées que par celui au profit duquel elles ont été introduites. De là il suit que celles qui entachent le titre consenti *a non domino* ne peuvent point être opposées au possesseur, pour l'empêcher de prescrire par dix ou vingt ans. Il va sans dire qu'elles doivent avoir été ignorées de lui; autrement, il ne serait pas de bonne foi. J'achète un immeuble d'un mineur, le croyant majeur; lui seul pouvant exciper de sa minorité, il y aura très-bien un juste titre opposable au véritable propriétaire.

Non-seulement le titre doit être valable, mais encore il ne doit être suspendu par aucune condition. Il n'y aura juste titre au point de vue de la prescription de dix ou de vingt ans, que lorsque la condition sera réalisée.

### II. Du titre putatif.

Lorsqu'il s'est passé un fait de nature à inspirer à un homme raisonnable, en général, la croyance qu'il y a un juste titre quand il n'y en a pas, on dit qu'il y a titre putatif.

La question de savoir si ce titre putatif peut remplacer le titre réel remonte au droit romain. La jurisprudence l'avait résolu dans le sens de l'affirmative, et Pothier avait adopté cette solution, en la défendant contre Lemaître (Pothier, *Prescription*, n°s 95-77). Les rédacteurs du Code ont gardé le silence sur ce point, et n'ont nulle part manifesté l'intention d'abandonner la doctrine de leur guide habituel. Cependant, il y a des auteurs qui admettent cette théorie, quant à l'acquisition des fruits (art. 550), et qui la repoussent, quant à la prescription de dix et de vingt ans. La raison capitale qu'ils font valoir, c'est que l'art. 2265 exige deux conditions : le juste titre et la bonne foi, et que, dans le système de Pothier, il n'en faudrait qu'une : la bonne foi. Cette manière de raisonner ne nous paraît pas exacte. Quand bien même le titre putatif serait admis à remplacer le titre réel, la prescription de dix et de vingt ans serait toujours soumise à deux conditions distinctes : autre chose est, en effet, le titre putatif, autre chose la bonne foi. Le titre putatif doit être prouvé par celui qui l'invoque; la bonne foi se présume (art. 2268); l'erreur sur le titre s'apprécie *in abstracto*, en prenant pour type un homme raisonnable en général; c'est l'*error probabilis;* la bonne foi s'apprécie *in concreto*, en prenant pour terme de comparaison le possesseur lui-même. Après que celui-ci aura démontré qu'un homme raisonnable eût été induit en erreur, on pourra démontrer contre lui que, personnellement, il ne l'a pas été. Enfin l'*error probabilis* consiste à croire que quelqu'un a eu l'*intention* de vous transférer la propriété; la bonne foi est la croyance dans laquelle se trouve le possesseur, que celui qui lui a livré la chose avait le *pouvoir* de lui en transférer la propriété.

Voyons maintenant les applications du système.

L'erreur de droit doit être écartée comme inexcusable. Celui qui s'imaginerait qu'une donation passée par acte sous seing privé est valable ne pourrait prescrire par dix ou vingt ans.

L'erreur de fait doit être mise sur la même ligne que l'erreur de droit, toutes les fois qu'elle aurait pu être évitée par un homme attentif.

Mais, toutes les fois qu'un homme diligent eût été trompé là où le possesseur l'a été, l'erreur de fait pourra remplacer le titre et servir de base à la prescription de dix et de vingt ans.

J'ignore l'incapacité d'un témoin d'un acte instrumentaire, alors que la formule est requise *ad solemnitatem;* j'ignore la condamnation à une peine perpétuelle qui frappe le *donateur;* j'achète un immeuble d'un fou, ne sachant pas qu'il est fou; je suis en possession d'un fonds en vertu d'un faux acte de vente fabriqué par un mandataire qui veut me faire croire à l'exécution de son mandat; voilà des erreurs de fait plausibles, dont je pourrais me prévaloir comme d'un juste titre.

### § 2. — De la bonne foi.

La bonne foi est la croyance dans laquelle se trouve le possesseur, que le *tradens* a eu le *pouvoir* de lui transférer la propriété.

Nous avons déjà dit qu'elle se présume et que la mauvaise foi doit être prouvée.

Elle doit exister au moment de l'*acquisition;* c'est du moins ainsi que s'exprime l'art. 2269; mais, évidemment, cela est inexact; il n'y a pas eu acquisition; autrement, la prescription ne serait pas nécessaire. La loi veut dire que la bonne foi doit exister au moment où se serait accomplie l'acquisition, si elle eût été possible. Mais quelle est cette époque? Est-ce celle du contrat ou de l'ouverture du legs? Est-ce celle de la tradition? Est-ce celle de transcription, quand le titre doit être transcrit? Nous pensons qu'il faut, sans hésiter, se prononcer pour celle du contrat ou de l'ouverture du legs. La mise en possession n'eût pas été nécessaire pour le transfert de la propriété, si l'on eût traité avec le véritable propriétaire. Quant à la transcription, il est bien vrai qu'elle est exigée pour que le contrat puisse être opposé à ceux qui, du chef du *tradens*, ont acquis des droits sur l'immeuble et ont rempli les formalités nécessaires pour les conserver (L., 23 mars 1855, art. 3); mais il n'en est pas moins vrai que si l'*accipiens* avait tenu l'immeuble *a domino*, il fût, à bien des égards, devenu propriétaire. C'est à partir de la vente, par exemple, que l'acheteur paye l'impôt foncier; c'est à partir de ce moment que l'acheteur devient propriétaire à l'égard du vendeur (art. 1583); d'où il suit que, si ce dernier vient à tomber en faillite ou en déconfiture, le premier peut revendiquer la chose; que l'acheteur peut poursuivre directement l'immeuble entre les mains d'un *prædo;* que, si les deux parties se désistent du contrat, il sera perçu par le fisc un nouveau droit de mutation, et les droits réels consentis par l'acquéreur devront être respectés.

Quoi qu'il en soit, cette bonne foi initiale suffit (art. 2267). Quand bien même la mauvaise foi surviendrait dans le cours de la possession, la prescription de dix ou de vingt ans continuerait de courir. Sur ce point, les rédacteurs du Code ont suivi la tradition romaine. Au contraire, notre ancienne jurisprudence, puisant ses inspirations dans le droit canonique, disait : *Mala fides superveniens impedit usucapionem.* De là nos anciens auteurs concluaient que la prescription décennale ou vicennale se trouvait interrompue par une assignation donnée devant un juge incompétent. La raison en était qu'une pareille demande était considérée comme suffisante pour constituer le possesseur en état de mauvaise foi; mais l'effet interruptif en était borné à l'hypothèse qui nous occupe. Dans les autres cas, les tribunaux avaient un pouvoir discrétionnaire pour examiner jusqu'à quel point l'erreur commise par le demandeur sur la compétence était excusable, et, pour décider, en conséquence, que la prescription avait été ou non interrompue. Les rédacteurs du Code, oubliant qu'ils s'étaient contentés de la bonne foi au commencement de la prétendue acquisition, ont eu tort d'ériger en règle générale et absolue, dans l'art. 2246, ce qui autrefois n'était que l'exception.

En matière d'acquisition de fruits, la bonne foi est requise à chaque perception : d'où la question de savoir si, après la prescription accomplie, l'ancien propriétaire ne pourra pas, du moins, réclamer les fruits perçus de mauvaise foi. La négative est évidente. Après l'accomplissement du temps requis pour prescrire, il faut que le possesseur soit à l'abri de toute réclamation et de toute recherche ; et, du reste, la prescription accomplie a un effet rétroactif au jour où la possession a commencé.

### § 3. — Du temps.

Lorsque le juste titre et la bonne foi se trouvent réunis, la prescription s'accomplit par dix ans entre présents, par vingt ans entre absents : telle est la formule usuelle. Que signifie-t-elle ?

Dans le droit romain, le propriétaire et le possesseur étaient dits *présents*, lorsqu'ils avaient leur domicile dans la même province ; *absents*, lorsqu'ils avaient leur domicile dans des provinces différentes.

Dans notre ancien droit, la présence ou l'absence s'appréciait par cette circonstance, que les deux domiciles dont il vient d'être question se trouvaient ou non dans le ressort du même bailliage royal ou de la même sénéchaussée royale.

Les rédacteurs du Code, dans l'art. 2265, ont décidé que la prescription s'accomplirait par dix ou vingt ans, suivant que le véritable propriétaire habite dans le ressort ou hors du ressort de la cour dans lequel l'immeuble est situé.

Malgré les apparences, le système du Code est, au fond, le même que celui du droit romain. Tous les deux prennent en considération le tribunal devant lequel le possesseur peut être traduit. Dans le droit romain, la règle de compétence : *Actor sequitur forum rei*, était la règle dominante, même en matière d'actions réelles immobilières. Aujourd'hui, la revendication d'un immeuble doit être portée devant le tribunal de la situation. Dans l'une comme dans l'autre législation, et en s'en tenant à l'idée la plus générale, la prescription s'accomplit par dix ans ou par vingt ans, selon que le propriétaire habite ou non dans le ressort de la juridiction devant lequel le procès doit être porté.

Et maintenant, faudra-t-il s'attacher au fait de la résidence ou au domicile? Il est quelquefois difficile de connaître le véritable domicile d'une personne. Ainsi, quand le propriétaire aura sa résidence dans le ressort de la cour où l'immeuble est situé, il y aura lieu de faire abstraction du domicile; réciproquement, la résidence deviendra indifférente, si le propriétaire est domicilié dans le ressort de la situation. L'utilité du domicile consiste précisément en ce que celui auquel il appartient est présumé par la loi y avoir sa résidence de fait.

Il peut arriver que le propriétaire eût eu en différents temps son domicile ou sa résidence dans le ressort ou hors du ressort. Alors, dit la loi, il faut, pour compléter la prescription, ajouter à ce qui manque aux dix ans de présence un nombre d'années d'absence double de celui qui manque, pour compléter les dix ans de présence (art. 2266). Cette formule est vicieuse; elle doit être remplacée par celle-ci : il faut, pour remplacer la prescription, ajouter aux années de présence un nombre d'années d'absence double de celui qui manque, pour compléter les dix ans de présence.

### 4. — Des droits qui sont susceptibles d'être acquis par la prescription de dix et de vingt ans.

La prescription de dix ans et de vingt ans s'applique :

1° A la propriété ;

2° A l'usufruit. Nous avons déjà vu que l'usufruit pouvait être établi par la prescription trentenaire. Quand il y a juste titre et bonne foi, il peut l'être aussi par celle de dix et de vingt ans. La loi ne le dit nulle part spécialement; mais l'usufruit est un immeuble par l'objet auquel il s'applique (art. 526), et l'art. 2265 ne distingue pas entre les diverses classes d'immeubles ;

3° Aux servitudes continues et apparentes ; mais ceci est plus contesté. D'excellents esprits soutiennent que, malgré le titre et la bonne foi, la prescription trentenaire est ici seule applicable. La raison fondamentale sur laquelle ils s'appuient se tire de la combinaison des art. 690 et 2264. Deux formules ont été proposées pour traduire cette dernière disposition. Suivant l'une d'elles, les règles qui gouvernent les prescriptions spéciales des autres titres du Code se suffisent à elles-mêmes, et n'empruntent rien au titre général de la prescription. Ainsi, le délai de dix ans, pendant lequel reste ouverte l'action en nullité ou en rescision, ne serait pas susceptible d'être prolongé au moyen des suspensions; mais cette théorie est généralement repoussée, et l'on adopte la formule que voici : Les délais particuliers de prescription, établis dans d'autres titres du Code, ne sont point abrogés par le titre général de la prescription. Cette signification résulte de la rubrique sous laquelle se trouve placé l'art. 2264 : *Du temps requis pour prescrire*. Or, dit-on, l'art. 690 a établi la prescription de trente ans pour les servitudes continues et apparentes, et dès lors celle de dix ou de vingt ans se trouve complètement écartée.

Cet argument se réfute par une considération historique : *Nulle servitude sans titre*, disait notre droit coutumier ; d'où la jurisprudence avait conclu que, pour les servitudes continues et apparentes, il n'y avait de possible que la prescription supposant un titre, à savoir la prescription de dix ou de vingt ans. Les rédacteurs du Code ont voulu se montrer plus larges. Après avoir dit, dans l'article 690 : Les servitudes *continues et apparentes s'acquièrent par titres*, ils ont ajouté : *ou par la possession de trente ans*. Cela n'indique-t-il pas une innovation dans un sens favorable et ne signifie-t-il pas : Les servitudes continues et apparentes pourront désormais s'acquérir non-seulement par la prescription qui suppose un titre, mais encore par celle qui n'en suppose pas?

D'ailleurs, l'art. 2265 n'est-il pas formel ? Les servitudes continues et apparentes ne sont-elles pas des immeubles? L'art. 2265 parle, il est vrai, de la prescription de la propriété; mais on peut à la rigueur dire : La *propriété d'une servitude*, comme on dit : la *propriété d'une créance*. Au surplus, l'argument ne prouve rien, parce qu'il tend à trop prouver. Il en résulterait, en effet, que l'art. 2265 ne s'adapterait pas, dans ses termes, à l'usufruit, et alors sur quoi se fonder pour décider que ce droit peut être prescrit par dix ou vingt ans.

On objecte encore que les servitudes n'ont pas de situation, et que l'art. 2265 parle de la situation de l'immeuble. La réponse est facile. Les servitudes n'ont pas de situation, cela est vrai, mais les immeubles sur lesquels elles s'exercent en ont une; le droit de propriété, le droit d'usufruit n'ont pas non plus de situation, et cependant ils tombent sous l'application de l'art. 2265.

A l'égard des servitudes discontinues apparentes, il est bien certain qu'elles ne peuvent pas s'acquérir par la possession de trente ans; mais peuvent-elles s'acquérir par la prescription de dix ou vingt ans? Nous croyons devoir nous prononcer dans le sens de la négative. Ce qui nous détermine, c'est l'art. 691, suivant lequel les servitudes discontinues, même apparentes, ne peuvent s'acquérir que par titre. Ajoutons que l'art. 695 suppose des servitudes qui ne peuvent pas s'acquérir par la prescription, supposition qui ne serait pas conforme à la vérité, si la prescription de dix ou de vingt ans s'appliquait aux servitudes discontinues. Mais, dit-on, pourquoi les servitudes discontinues ne peuvent-elles point s'acquérir par la prescription? C'est que leur exercice est entaché du vice de précarité; or, ce vice disparait dès qu'il y a un titre. Mais la précarité disparaîtrait aussi par suite de la contradiction opposée aux droits du propriétaire, et nul cependant ne dira que cette contradiction rendra la servitude susceptible de prescription.

4° La franchise d'un fonds grevé d'hypothèque. Il faut, à cet égard, distinguer si l'immeuble est resté entre les mains du débiteur ou s'il est passé entre les mains d'un tiers détenteur. La première hypothèse n'a pas à nous occuper; elle présente l'espèce d'une prescription libératoire qui s'accomplit en même temps, et en ce qui touche la dette, et en ce qui touche l'hypothèque; nous plaçons sur la même ligne le cas où un tiers a constitué une hypothèque sur son immeuble pour sûreté de la dette d'autrui. Celui-là n'est qu'une caution, caution réelle, il est vrai, et, à ce titre, ne pouvant être poursuivi qu'hypothécairement sur l'immeuble hypothéqué; mais la caution ne pouvant être libérée, comme le serait une caution personnelle, qu'accessoirement et en même temps que le débiteur principal.

La seule hypothèse qui doit appeler notre attention est donc celle où l'immeuble est possédé par un tiers qui n'est pas caution réelle, et nous avons à nous demander 1° comment les conditions ordinaires de la prescription décennale ou vicennale s'appliquent ici? 2° si, relativement à la prescription de l'hypothèque, il n'y a pas quelque condition particulière.

Quant à l'existence du titre, nous n'avons aucune observation spéciale à faire. Elle est nécessaire ici, comme elle l'est pour l'acquisition de la propriété. Le *prædo* ne prescrira l'hypothèque que par une possession prolongée pendant trente ans, avec tous les caractères requis par l'art. 2299.

En ce qui concerne la bonne foi, nul doute qu'elle ne soit exigée; mais en quel sens? Il y a des auteurs qui ont dit que la connaissance par l'acquéreur des charges hypothécaires qui grèvent le fonds, ne le constitue pas en état de mauvaise foi, à moins qu'elles ne lui aient été expressément déclarées dans le contrat même d'aliénation; hors ce cas, a-t-on dit, le tiers acquéreur a pu espérer que le débiteur acquitterait ses dettes et dégrèverait ainsi le fonds. Suivant cette opinion, la prescription de l'hypothèque s'accomplirait presque toujours par dix ou par vingt ans, et l'on argumente en ce sens de ce que l'article 2180-4° garde le silence sur la condition de bonne foi, et ne parle que de celle du titre.

Nous repoussons cette théorie. Elle est contraire aux principes de l'ancien droit, auquel les rédacteurs du Code n'ont entendu apporter aucune innovation. Pour savoir si le tiers acquéreur pouvait prescrire par dix ou vingt ans, ou seulement par trente ans, nos anciens auteurs s'accordaient unanimement à rechercher s'il ignorait ou s'il connaissait les hypothèques. De ce que, dans l'article 2180-4°, il n'est pas expressément question de la condition de la bonne foi, on ne peut légitimement conclure que les rédacteurs du Code se soient, sur ce point, écartés de l'ancienne doctrine. Le titre dont ils ont parlé n'est autre chose que le titre dont il est question dans l'article 550, et dont l'acquéreur ignore les vices, ignorance qui, dans l'espèce, consiste à ne pas connaître les charges hypothécaires, de telle façon que la condition de bonne foi se trouve, sinon explicitement, du moins implicitement dans l'art. 2180-4°, combiné avec l'art. 550.

Mais après avoir répudié l'opinion qui précède, il faut se garder de tomber dans une exagération en sens contraire, et décider que la condition de bonne foi recevra son application lors seulement qu'il s'agira d'hypothèques occultes, telles que l'hypothèque légale de la femme du mineur ou de l'interdit, laquelle aurait été ignorée de l'acquéreur, et que l'inscription des autres doit suffire à elle seule pour constituer les titres en état de mauvaise foi. D'abord, l'hypothèque peut avoir été éteinte, quoique l'inscription ait été maintenue ; si donc l'acquéreur a cru à l'extinction de l'hypothèque, malgré le maintien de l'inscription, il devra être considéré comme étant de bonne foi. Ensuite il peut avoir acheté l'immeuble *a non domino*, et avoir requis un certificat d'inscription du chef de son vendeur, cas auquel il aura évidemment ignoré les inscriptions prises du chef du véritable propriétaire. Il y a là des questions de fait complètement abandonnées à l'appréciation des tribunaux.

En ce qui touche le temps, on distinguera si le créancier hypothécaire habite ou non le ressort de la cour dans lequel l'immeuble est situé (art. 2265).

Par ce qui précède, on voit que les conditions exigées par l'art. 2265 s'appliquent à la prescription acquisitive de l'hypothèque. Il faut maintenant en ajouter une autre, à savoir la transcription du titre (art. 2180-4°).

Quel est le motif d'une semblable mesure ? Lorsqu'il s'agit de la prescription de la propriété, nous n'avons encore rien rencontré de pareil ; c'est le commencement de la possession qui s'est toujours jusqu'ici montré à nous comme étant celui de la prescription ; nous aurons tout à l'heure à rechercher si rien n'a été changé à cet égard par les dispositions de la loi du 23 mars 1855; mais tenons-nous en, pour le moment, à l'idée des rédacteurs du Code; quel est, à leur point de vue, la raison de cette différence entre la prescription de la propriété et celle de l'hypothèque?

Conformément à l'opinion généralement admise, voici comment cela s'explique. Le propriétaire est averti par le fait de sa dépossession que son immeuble est entre les mains d'un tiers. Rien de semblable pour les créanciers hypothécaires. Il faut donc un signe public qui vienne révéler l'aliénation consentie par le débiteur. Il faut avouer pourtant que, si le but de la loi est atteint quand l'acquéreur a traité avec le propriétaire, il est loin de l'être quand le possesseur tient l'immeuble *a non domino*. On conçoit très-bien, en effet, que, dans le premier cas, le créancier hypothécaire qui demandera au conservateur un certificat de transcription du chef de son débiteur obtiendra évidemment un certificat affirmatif; mais, dans le second cas, le certificat sera nécessairement négatif, et le créancier ne sera point averti.

Quoiqu'il en soit, demandons-nous maintenant si la loi du 23 mars 1855 est venue faire disparaître la différence que nous venons de signaler, entre la prescription de la propriété et celle de l'hypothèque, au point de vue de la nécessité de la transcription.

Posons deux espèces :

1re *Hypothèse*. — Secundus achète un immeuble à Primus, qui n'est pas propriétaire; il ne fait pas transcrire son contrat. Quartus achète le même immeuble de Tertius, auquel ce fonds appartient, et il fait transcrire l'acte de vente; Secundus, resté en possession pendant le temps voulu, pourra-t-il opposer à Quartus la prescription de de dix ou de vingt ans? Nous le pensons pas. La raison de douter qui s'élève contre notre opinion naît de ce que l'art. 3 de la loi nouvelle exige la transcription à l'égard des tiers qui ont acquis des droits sur l'immeuble et qui ont rempli les formalités nécessaires pour les conserver. Mais la raison de décider, c'est que l'art. 3 soumet à la nécessité de la transcription, les actes dont il s'agit dans les art. 1 et 2, c'est-à-dire les actes translatifs de droits. Or, dans l'espèce, le contrat intervenu entre Primus et Secundus n'a conféré aucun droit à ce dernier, qui tient tout de la prescription.

2e *Hypothèse.* — Primus vend à Secundus un immeuble dont il est propriétaire. Secundus ne fait pas transcrire; mais il est mis en possession; Primus vend ensuite le même immeuble à Tertius, qui fait transcrire; la prescription décennale ou vicennale pourra-t-elle être opposée par Secundus à Tertius? Nous ne le croyons pas encore. Sans doute Secundus est, en vertu de son contrat, devenu acquéreur d'un droit, et son titre paraît bien compris dans la catégorie de ceux qui, aux termes de la loi nouvelle, doivent être transcris; néanmoins, notre solution sera identique à celle que nous avons donnée dans le cas précédent. Si celui qui a traité avec un *non dominus* n'a pas besoin de transcrire pour pouvoir invoquer la prescription de dix ans ou de vingt ans, il doit en être de même, à plus forte raison, de celui qui a traité avec le *dominus.*

Aujourd'hui donc, comme sous l'empire du Code, la prescription de dix ou de vingt ans, appliquée à la propriété, diffère de la même prescription appliquée à l'hypothèque, quant à la condition particulière de la transcription. Du reste, lorsque le possesseur a besoin de prescrire à la fois et la propriété et l'hypothèque, les deux prescriptions sont complètement indépendantes l'une de l'autre.

Ainsi le propriétaire peut habiter hors du ressort de la cour dans lequel l'immeuble se trouve situé, et le créancier hypothécaire dans le dit ressort ; il peut exister en la personne du propriétaire des causes de suspension qui n'existent pas en celle du créancier hypothécaire ; le propriétaire peut se livrer à des actes interruptifs, et le créancier rester inactif. Enfin, le jour de la mise en possession peut ne pas coïncider avec celui de la transcription.

L'indépendance des deux prescriptions amène, comme on le voit, à cette conséquence, que l'affranchissement des fonds sera prescrit par celui qui n'est pas propriétaire. Mais il n'y a là rien de choquant, car de deux choses l'une : ou le véritable propriétaire se présentera pour revendiquer et obtiendra gain de cause, et alors le créancier pourra exercer son hypothèque à son encontre ; ou bien il ne se présentera pas, et alors le tiers pourra exciper de la prescription, à moins que les créanciers du véritable propriétaire n'intentent du chef de leur débiteur, en vertu de l'art. 1166, la revendication et ne fassent ainsi rentrer le fonds entre les mains de ce dernier.

5°. La franchise d'un fonds grevé d'un usufruit ou d'une servitude prédiale. Cette proposition est encore controversée, mais ne nous paraît guère susceptible de l'être.

Pour les combattre on invoque :

1° L'art. 2180-4° *a contrario*. Le tiers détenteur d'un immeuble prescrit l'hypothèque qui le grève, cela est vrai; mais le législateur a pris la peine de le dire, tandis qu'il ne dit rien de semblable pour l'usufruit et les servitudes.

2° L'art. 706. Les servitudes s'éteignent par le laps de trente ans, et ce délai n'est point abrogé par l'art. 2265 (art. 2264).

A cela nous répondons :

1° Si le législateur n'a parlé que de l'hypothèque, c'est qu'il avait pour cela des motifs spéciaux. Il avait à opposer la prescription acquisitive de l'hypothèque, quand l'immeuble est passé entre les mains d'un tiers détenteur, à la prescription libératoire, quand l'immeuble est resté entre les mains du débiteur. De plus, il avait à assigner à la prescription acquisitive de l'hypothèque un point de départ particulier, à savoir : la transcription du titre; loin donc de fournir un argument *a contrario*, l'art. 2180-4° fournit un argument *a simili*.

2° L'art. 706 se place dans l'hypothèse où l'immeuble est resté entre les mains du propriétaire qui constitue la servitude ou l'usufruit; nous raisonnons, nous, dans le cas où il a été possédé par un tiers avec toutes les conditions requises pour la prescription de dix ou de vingt ans. L'art. 706 s'occupe de l'extinction de la servitude par le non-usage du propriétaire du fonds dominant, ce qui est une prescription libératoire; nous nous occupons, nous, de l'usucapion de la liberté du fonds par le tiers détenteur : ce qui est une prescription acquisitive.

## CHAPITRE IV.

### DE LA COMBINAISON DU TEMPS ET DE LA POSSESSION, QUAND CELLE-CI A ÉTÉ TRANSMISE.

L'art 2235 dit : *Pour compléter la prescription, on peut joindre à sa possession celle de son auteur, de quelque manière qu'on lui ait succédé, à titre universel ou particulier, à titre lucratif ou onéreux.*

C'est là une formule vague qui, pour être bien comprise, nécessite des distinctions. Il peut se faire que la possession soit transmise par une personne à ses héritiers; il peut se faire aussi qu'elle le soit à un ayant cause à titre particulier. Nous étudierons successivement ces deux cas, et nous nous demanderons ensuite quelle est la signification du mot *auteur* dans l'art. 2235.

#### § 1er. — La possession est transmise par une personne défunte à ses héritiers.

Dans cette hypothèse, le droit romain admettait qu'il y avait une possession unique dont il fallait sonder l'origine seulement. De là deux conséquences : 1° Si la possession initiale du *de cujus* avait été de bonne foi, l'usucapion continuait au profit de l'héritier même de mauvaise foi. On traitait les choses, comme s'il y avait toujours eu un possesseur unique, qui, de bonne foi, dès le début, serait devenu plus tard de mauvaise foi. On appliquait la règle : *Mala fides superveniens non impedit usucapionem :* 2° à l'inverse, si la possession initiale du *de cujus* avait été de mauvaise foi, l'héritier même de bonne foi ne pouvait usucaper.

Les rédacteurs du Code ont-ils admis cette théorie? Ils n'ont nulle part expressément manifesté leur pensée à cet égard; mais on peut la tirer par voie d'induction de l'art. 2237. Aux termes de cet article, les héritiers d'un détenteur précaire ne peuvent prescrire par quelque laps de temps que ce soit. Ainsi le vice de précarité, qui entache la possession à son origine, la suit entre les mains des ayants cause universels ou à titre universel; de là il faut conclure *a simili*, que le *de cujus* transmet à ses héritiers sa propre possession avec ses qualités et ses vices, quels que soient ses vices. Ainsi la prescription de trente ans, commencée par un homme de mauvaise foi, ne pourra s'accomplir que par ce laps de temps au profit de ses héritiers malgré leur bonne foi, et vice versa; la prescription decennale ou vicennale, commencée par un homme de bonne foi, continuera à courir au profit de ses successeurs malgré leur mauvaise foi.

### § 2. — La possession a été transmise par un ayant cause à titre particulier.

Le droit romain, dans son dernier état, partait de cette idée qu'il y avait non plus unité de possession, comme dans le cas précédent, mais deux possessions distinctes, qui pouvaient, suivant l'occurrence, se souder ensemble à l'aide du titre en vertu duquel la dernière avait été transmise. 1° Si la possession initiale de l'auteur avait été de bonne foi, et que celle de l'ayant cause fût de mauvaise foi, l'ayant cause ne pouvait usucaper: 2° si la possession initiale de l'auteur avait été de mauvaise foi, et que celle de l'ayant cause fût de bonne foi, l'ayant cause pouvait usucaper en invoquant sa propre possession, mais sans pouvoir s'appuyer sur celle de son auteur; 3° il n'y avait lieu à la jonction de possession, pour compléter le temps de l'usucapion, que dans le cas où l'auteur et l'ayant cause avaient été de bonne foi, à l'origine de chacune des deux possessions.

Ces idées ont-elles servi de guide à notre législateur? Leur pensée sur ce point résulte encore par induction de l'art. 2237, suivant lequel les ayants cause à titre particulier des détenteurs précaires peuvent prescrire. C'est donc que la possession des ayants cause à titre particulier se détache nettement de celle de l'auteur, et doit être spécialement envisagée.

Cela posé, voici les cas qui peuvent se présenter :

1° L'auteur et l'ayant cause sont tous deux de bonne foi. L'ayant cause prescrira par dix ou vingt ans, et pourra, dans ce but, joindre à sa possession celle de son auteur;

2° L'auteur et l'ayant cause sont tous deux de mauvaise foi; l'ayant cause ne pourra prescrire que par trente ans, et ici encore les deux possessions pourront être réunies;

3° L'auteur est de mauvaise foi et l'ayant cause de bonne foi. L'ayant cause pourra, suivant son intérêt, invoquer la prescription de trente ans ou celle de dix ou de vingt ans. Dans le premier cas, il pourra joindre la possession de son auteur à la sienne; il ne le pourra pas dans le second;

4° L'auteur est de bonne foi et l'ayant cause de mauvaise foi. L'ayant cause pourra prescrire par trente ans, et joindre, à cet effet, les possessions; mais faut-il aller plus loin, et décider qu'il pourra prescrire par dix ou vingt ans, en arguant à la fois de sa possession et de celle de l'auteur? Nous ne le pensons pas. Sans doute l'acheteur évincé pourra recourir contre son vendeur, au moins pour lui réclamer la restitution du prix, ce qui, en apparence, donne au vendeur le droit d'intervenir dans l'instance en revendication, pour opposer, de son propre chef, au propriétaire la prescription de dix ans ou de vingt ans; mais, malgré son intérêt évident, son intervention serait repoussée. Pour qu'elle fût fondée en droit, il faudrait que le vendeur eût possédé, par l'intermédiaire de l'acheteur, ce qu'il ne peut prétendre, car il a perdu la possession dès le moment où il a livré.

§ 3. — Signification du mot *auteur*.

Le mot auteur de l'art. 2235 a donné lieu à des difficultés, quand il s'est agi d'en déterminer le véritable sens.

Ces difficultés n'existent pas quand il s'agit d'une transmission universelle, ou à titre universel.

C'est sur les transmissions à titre particulier qu'ont surgi les controverses.

Une première formule a été proposée. D'après cette formule, serait un auteur, dans le sens de l'art. 2235, toute personne dont on eût été obligé de respecter les actes, à supposer qu'elle eût été propriétaire.

Nous ne nions pas que les personnes appartenant à cette catégorie ne soient des *auteurs;* mais nous repoussons la formule comme étroite, comme n'embrassant pas tous les *auteurs*.

D'abord, elle est contraire à la tradition romaine. Un homme lègue une chose dont il n'est pas propriétaire, mais qu'il est entrain d'usucaper; après sa mort, son héritier la possède quelque temps, puis on opère la délivrance. Le légataire pourra joindre à sa possession celle du testateur, et en outre celle de l'héritier, et pourtant il n'aurait pas été obligé de respecter les actes de ce dernier, à supposer que le testateur eût été propriétaire (L. 13, § 10, *De acquir. vel amitt. possess.*). Ensuite, supposons qu'une chose a été vendue *a non domino* avec la faculté de rachat; le réméré est exercé dans le temps voulu. Il faut bien reconnaître que le vendeur pourra joindre à sa posesssion celle de l'acheteur, que celui-ci est un auteur dans le sens de l'art. 2235; et pourtant, quand bien même il serait devenu propriétaire, le vendeur n'eût pas été obligé de respecter ses actes.

Nous adoptons la formule plus large que voici : Est *auteur* dans le sens de la loi, toute personne qu'un titre oblige à restituer. Cette définition embrasse les deux cas précédemment cités. Il faut y ajouter celui où le possesseur d'un immeuble le restitue en vertu d'une actione n résolution ou en rescision. Je vends un immeuble dont je ne suis pas propriétaire ; l'acheteur ne me paye pas le prix. J'obtiens contre lui un jugement de résolution ; je pourrai joindre sa possession à la mienne. Je vends un immeuble, sous l'empire de la violence, ou trompé par des manœuvres frauduleuses; je fais rescinder la vente, la jonction des possessions est encore possible. La considération qui nous détermine à prendre le mot *auteur*, dans ce sens large, est la suivante : si dans les deux espèces que nous venons de construire, le vendeur avait obtenu de l'acheteur la résolution ou la rescision volontaire et à l'amiable, nul doute que nous n'eussions eu un auteur dans cet acheteur. Or, peut-on admettre que, par une résistance injuste, l'acheteur ait pu enlever au vendeur le bénéfice de la jonction des possessions?

En partant toujours de la même donnée, il faut aller jusqu'à dire que le jugement, puisqu'il impose à la partie condamnée l'obligation de restituer, est un titre qui doit faire considérer celui en faveur duquel il a été rendu, comme l'ayant cause de celui contre lequel il a été prononcé.

Cette solution a pour elle les précédents. Elle se trouve nettement formulée dans la loi 13, § 9, *D.*, *De adquir. vel amitt. possess.* Sans doute le jurisconsulte, auquel ce fragment a été emprunté, s'occupait de l'*accessio possessionum* au point de vue de l'interdit *Utrubi*, et pour permettre au possesseur actuel du meuble de prouver que soit par lui, soit par son auteur, il avait possédé plus longtemps que son adversaire dans le cours de l'année; mais cette *accessio possessionum* n'avait plus d'application possible sous Justinien, l'interdit *Utrubi* ayant été assimilé à l'interdit *Uti possidetis*, et n'étant rendu qu'en faveur de celui qui possède actuellement; et toujours est-il que l'empereur avait législativement appliqué l'*accessio possessionum* à l'usucapion.

Dans notre ancien droit, Dunod professait sans hésitation la même doctrine. Pourquoi donc ne pas l'admettre sous l'empire du Code? On répond que l'art. 2243 élève à sa consécration une fin de non-recevoir insurmontable. Voilà un homme qui a été dépossédé pendant plus d'un an; il exerce contre l'usurpateur l'action pétitoire, à défaut de l'action possessoire qu'il a perdue, et il triomphe. Si, pour compléter la prescription, il peut joindre à sa possession celle de celui contre lequel il a plaidé, sa possession primitive n'aura donc pas été interrompue, et l'art. 2243 ne s'appliquera donc jamais! L'argument est spécieux; mais il n'est pas irréfutable. Dans notre système, l'art. 2243 recevra son application : 1° dans le cas où le possesseur primitif, dépossédé pendant plus d'un an, aura recouvré la possession, sans jugement et par une usurpation; 2° lorsque la possession de l'usurpateur était vicieuse à l'égard du véritable propriétaire.

## CHAPITRE V.

### COMMENT LE TEMPS DE LA PRESCRIPTION ACQUISITIVE PEUT ÊTRE PROLONGÉ A L'AIDE DES SUSPENSIONS ET DES INTERRUPTIONS.

Lorsque le législateur a ainsi établi le temps requis pour prescrire, il se demande s'il n'y a pas certaines circonstances qui viennent prolonger la durée de ce temps. Il répond par l'affirmative, et il divise ces circonstances par deux grandes catégories : tantôt, c'est le titulaire du droit qui, par une énergique manifestation de volonté, le maintient intact; tantôt, il est dispensé d'agir, et, par suite de certaines considérations; c'est la loi elle-même qui veille pour lui et arrête le cours de la prescription. Tantôt, le temps antérieur se trouve complètement effacé, et la prescription doit recommencer sur nouveaux frais ; tantôt l'inaction du propriétaire ou du créancier, justifiée d'ailleurs par les motifs que prévoit la loi, constitue un temps d'arrêt qui respecte le temps antérieurement écoulé, et après lequel c'est la même prescription qui continue. Dans le premier cas, il y a *interruption*; dans le second, *suspension* de la prescription.

Nous n'avons pas à exposer *ex professo* les règles de l'interruption ni celles de la suspension; elles appartiennent à une théorie générale de la prescription, et nous ne perdons pas de vue que nous devons nous en tenir à ce qu'elles présentent de spécial relativement à la prescription acquisitive.

Les particularités du sujet ainsi limité nous paraissent se réduire à deux points culminants. Suivant l'article 2257, la condition et le terme sont des causes de suspension; mais cela n'a trait qu'à la prescription libératoire. En second lieu, il y a des cas exceptionnels dans lesquels la prescription est suspendue en faveur de la femme (art. 2256), et le plus grand nombre d'entre eux se réfère à la prescription acquisitive. C'est autour de ces deux idées principales que vont se grouper les développements qui vont suivre.

I. La prescription libératoire est suspendue par le terme ou par la condition (art. 2257). La condition ni le terme ne suspendent la prescription acquisitive; voilà le contraste que nous avons à faire ressortir.

1° Un immeuble a été hypothéqué à la sûreté d'une dette à terme ou d'une dette conditionnelle. Tant qu'il reste entre les mains du débiteur, la prescription de l'hypothèque est une prescription libératoire qui s'accomplit en même temps que celle de la dette, et qui en est la conséquence. Les mêmes causes qui suspendent l'une suspendent l'autre aussi (art. 2180-1° et 4° 1re phrase). Mais supposons qu'avant l'échéance du terme ou la réalisation de la condition, le débiteur ait aliéné l'immeuble; à partir du moment où il aura été mis en possession, s'il s'agit d'une prescription qui doive s'accomplir par trente ans; à partir de l · transcription du titre, s'il s'agit d'une prescription qui doive s'accomplir pour dix ou vingt ans, le tiers acquéreur prescrira l'hypothèque (art. 2180-4°).

2° Le tiers acquéreur d'un immeuble dont la propriété se trouvait affectée d'une condition résolutoire entre les mains de son auteur, prescrira cette condition dès sa mise en possession et sans qu'il soit nécessaire d'attendre que l'événement soit venu anéantir les aliénations. Voici quelques applications spéciales de cette idée.

La circonstance que le droit de retour réservé au profit du donateur (art, 751), est encore en suspens ne l'empêchent pas d'être prescrit par les sous-acquéreurs qui ont traité avec le donataire, dès le moment où leur possession a commencé.

Bien que la substitution permise ne soit pas encore ouverte au profit des appelés, la prescription acquisitive courra contre le droit éventuel de ces derniers, à partir du jour où les immeubles frappés du fidéicommis seront entrés en la possession de ceux au profit desquels le grevé en a consenti l'aliénation. Nous nous plaçons, bien entendu, dans l'hypothèse où les appelés sont nés et majeurs.

Lorsque l'acheteur, qui n'a pas encore payé son prix de vente, revend l'immeuble, le sous-acquéreur prescrit l'action en résolution qui appartient au vendeur primitif, et c'est là une prescription acquisitive qui aura pour point de départ l'*initium possessionis*.

Dans toutes les hypothèses qui précèdent, la prescription acquisitive dont il est question ici s'accomplira soit par trente ans, soit par dix ou vingt ans, suivant les distinctions antérieurement établies.

L'art. 766 fait ombre au tableau qui précède. Il vient introduire dans la doctrine générale que nous venons d'exposer une véritable anomalie. Il en résulte en effet d'une part que la révocation pour survenance d'enfants étant encore en suspens, la prescription acquisitive ne peut courir contre cette révocation au profit des tiers qui tiennent l'immeuble du donataire; et d'autre part, que chaque survenance d'enfant vient interrompre à leur préjudice la prescription qui avait commencé a leur profit, à partir de la naissance précédente.

Une observation générale est au surplus nécessaire. L'effet suspensif n'est point attaché à la condition en matière de prescription acquisitive, cela est vrai ; mais, outre les conditions, il peut y avoir une impossibilité juridique d'agir. Alors il faut appliquer la maxime : *Contra non valentem agere non currit prœscriptio*. Ainsi, l'action en réduction contre les donations excessives ne se prescrit qu'à partir du décès du donateur.

Nous pouvons maintenant nous demander la raison de la différence entre la prescription libératoire et la prescription acquisitive au point de vue qui nous occupe. Il y a de cela deux motifs. D'abord la possession, qui conduit à la prescription de la pleine propriété, peut *a fortiori* servir aux tiers détenteurs pour en acquérir le complément. Ensuite, on a toujours reconnu à la personne investie d'un droit réel la faculté d'en obtenir la reconnaissance de celui qui serait intéressé à le méconnaître. Il en était ainsi dans l'ancien droit, et cela n'a point été changé par le Code. L'art. 2173 présuppose le maintien de l'action en déclaration d'hypothèque, à défaut de reconnaissance volontaire, et l'art. 675 est bien conçu dans le même courant d'idées, puisqu'il parle d'un titre récognitif de la servitude. Il faut généraliser cela, et donner au propriétaire, sous condition suspensive, le droit d'exiger des tiers acquéreurs de l'immeuble une reconnaissance de son droit. On n'a au contraire jamais imaginé d'organiser un procédé à l'aide duquel un créancier à terme ou sous condition ferait ainsi à l'avance reconnaître sa créance par le débiteur.

II. En principe, la prescription court contre la femme. Cela va de soi relativement aux immeubles dont elle a conservé ou recouvré l'administration ; mais il en est de même à l'égard de ceux dont l'administration appartient au mari, sauf le recours de la femme contre lui (article 2254).

Cette règle comporte trois exceptions que nous allons successivement passer en revue.

*Première exception.* — La prescription est suspendue au profit de la femme, lorsque son action ne peut être exercée qu'après une option à faire sur l'acceptation ou la répudiation de la communauté (art. 2256-1°).

Une femme, se mariant sous le régime de la communauté conventionnelle, a déterminément ameubli un immeuble, sous la condition résolutoire de sa renonciation à la communauté.

Un tiers a donné un immeuble à la communauté, si la femme accepte ; à la femme elle-même personnellement, si elle renonce.

Soit dans l'une, soit dans l'autre hypothèse, le mari aliène l'immeuble. Si l'art. 2256-1° n'existait pas, le tiers acquéreur prescrirait l'immeuble, dès le jour où il lui aurait été livré. Ce serait l'application d'une règle que nous connaissons et suivant laquelle la prescription acquisitive court, même *pendente conditione.* C'est donc à la qualité de femme mariée que, dans ce cas particulier, le législateur attache la suspension de la prescription.

*Deuxième exception.* — La prescription est en second lieu suspendue au profit de la femme, lorsque son action serait de nature à réfléchir contre le mari (art. 2256-2°).

Le mari vend un immeuble de sa femme, il se soumet par cela même à une obligation de garantie vis-à-vis de l'acheteur, et si celui-ci est évincé, il exercera un recours contre son vendeur. Aussi la loi, partant de l'idée que la femme peut, par suite de l'influence du mari, se trouver dans l'impossibilité morale d'agir, suspend la prescription en sa faveur pendant toute la durée du mariage, comme dans le cas précédent.

Cette cause de suspension s'appliquerait, lors même que le mari stipulerait la non-garantie. Cela ne l'affranchirait point en effet de l'obligation de restituer le prix, si ce n'est dans le cas où l'acheteur, au moment de la vente, aurait connu le danger de l'éviction, ou bien dans le cas où il aurait déclaré acheter à ses risques et périls (art. 1629).

Même solution si le mari avait donné l'immeuble de la femme *dotis causa*.

*Troisième exception.* — Elle est relative à l'immeuble dotal (art. 2255).

Toutes les fois que l'immeuble dotal a été déclaré aliénable dans le contrat de mariage, il est prescriptible ; ici la prescriptibilité est une conséquence nécessaire de l'aliénabilité (art. 1561).

La réciproque n'est pas vraie. Toutes les fois que l'immeuble dotal est inaliénable, il n'est point imprescriptible. Ainsi :

1° La prescription qui a commencé avant le mariage continue pendant le mariage (art. 1561). Cette règle mérite d'être critiquée. Que, dans le droit romain, où le cours de l'usucapion ne pouvait être arrêté que par une seule cause, la perte de la possession, la célébration des noces ne fût pas un obstacle à la continuation de l'usucapion au profit du tiers, cela se concevait et se rattachait à un système général, auquel appartenait cet autre principe que l'effet interruptif n'est point attaché à la *litis contestatio ;* mais chez nous, qui avons admis dans notre législation tant de causes civiles qui empêchent la prescription, la théorie de notre législateur ne se conçoit guère. Une minorité, une interdiction, venant dans le cours d'une possession n'arrêtent-elles pas la prescription commencée, et l'article 2281 n'a-t-il pas mis obstacle à ce qu'on pût continuer à prescrire une servitude qui était prescriptible sous l'empire de la coutume, mais qui était déclarée imprescriptible par la loi nouvelle. Pourquoi donc ne pas traiter de la même manière le fonds dotal, alors qu'il n'y a pas encore droit acquis au profit du tiers?

Toutes ces raisons ont été développées avec beaucoup de force par M. Demangeat (De la condition du fonds dotal en droit romain, page 363 et en note).

2° Quand le tiers a commencé à posséder l'immeuble dotal postérieurement à la célébration du mariage, le fonds devient prescriptible, *à partir de la séparation des biens* (art. 1561, 2° alinéa). Toutefois, l'art. 1560 dit d'un autre côté qu'on ne peut, *pendant le mariage*, opposer aux époux aucune prescription relativement au fonds dotal. Cette contradiction au moins apparente a fait naître de sérieuses difficultés.

Un système autrefois enseigné distingue entre la prescription libératoire et la prescription acquisitive.

Suivant cette théorie, il faut examiner si la femme peut reprendre son immeuble à l'aide d'une revendication ou d'une action en nullité.

Lorsque la femme a dans son patrimoine une action en nullité, il s'agit pour l'acquéreur de l'immeuble d'échapper à cette action par une prescription libératoire, laquelle a pour point de départ la dissolution du mariage.

Lors au contraire que la femme doit revendiquer, c'est la séparation de biens qui fixe le commencement de la prescription.

Dans le premier cas, la prescription libératoire s'accomplit par dix ans (art. 1304); dans le second cas, dix, vingt ou trente ans, suivant les circonstances.

Avant de déduire les raisons qui servent de base à cette théorie, voyons quelles en sont les applications.

1° L'immeuble dotal est usurpé par un *prædo*. Il se

prescrira par trente ans, à partir de la séparation de biens;

2° L'immeuble dotal est vendu par un tiers. Il se prescrira par trente, dix ou vingt ans, suivant que l'acheteur sera de bonne ou de mauvaise foi;

3° L'immeuble dotal est vendu par le mari seul. Si l'on appliquait le droit commun, cette vente serait nulle, non pas à raison de la dotalité de l'immeuble, mais parce qu'il a été vendu *a non domino*. En conséquence, il faudrait appliquer les règles qui régissent la vente de la chose d'autrui (art. 1599): d'où il suivrait d'une part que l'action compétente à la femme serait la revendication; d'autre part, que l'acheteur pourrait invoquer la nullité, et prescrire la propriété par trente, dix ou vingt ans, prescription acquisitive qui daterait encore de la séparation de biens. Mais le droit commun doit être écarté; il faut faire abstraction de l'art. 1599, et s'en tenir à l'article 1560, lequel contient une théorie tout à fait exceptionnelle, et qui se suffit à elle-même. Or, l'art. 1560 prévoit le cas où le fonds a été vendu par le mari seul, et il part de l'idée qu'il y a là une aliénation annulable, mais qui tient tant qu'elle n'est pas rescindée à la demande de qui de droit. C'est donc contre une action en nullité que l'acheteur doit prescrire; il y a là une prescription libératoire, dont le point de départ est la dissolution du mariage;

4° L'immeuble dotal a été vendu par la femme seule, ou par la femme autorisée du mari, ou par tous les deux conjointement. Ici encore, il y a une aliénation frappée d'une nullité relative, à raison, dans le premier cas, de l'incapacité ordinaire de la femme, et dans les deux autres, de l'incapacité conventionnelle créée par le contrat de mariage.

Les applications du système étant connues, examinons les motifs que font valoir les jurisconsultes qui l'enseignent.

Et d'abord, le texte de la loi. L'art. 1560 fixe pour point de départ à la prescription la dissolution du mariage, mais dans quels cas? Dans ceux où l'immeuble a été aliéné soit par la femme, soit par le mari, soit par tous les deux conjointement. Il laisse donc en dehors de ces prévisions toutes les autres hypothèses, qui se trouvent dès lors forcément régies par le 2e alinéa de l'art. 1561, et le point de départ de la prescription est la séparation de biens.

En second lieu, l'inaliénabilité de l'immeuble dotal persiste pendant toute la durée du mariage, et la prohibition d'aliéner s'entend de toute aliénation, soit directe soit indirecte. Or, si par son inaction prolongée pendant dix ans, à partir de la séparation de biens, la femme pouvait faire sortir de son patrimoine l'action en nullité, il y a là une aliénation indirecte qui se trouve proscrite.

Enfin, la séparation de biens ne saurait autoriser la femme à couvrir par une ratification expresse la nullité relative qui entache l'aliénation, car ce serait lui permettre, sous une autre forme, d'aliéner l'immeuble. Or, on ne saurait ratifier tacitement ce que l'on ne saurait ratifier expressément, et le silence gardé par la femme pendant dix ans serait une ratification tacite.

Un autre système repousse toute distinction entre la prescription libératoire et la prescription acquisitive. Quelle que soit celle de ces deux prescriptions qui court au profit des tiers, elle a son point de départ dans la séparation de biens (art. 1561, 2e alinéa). La règle reçoit exception dans deux cas qui, sous leur forme générale, peuvent s'énoncer ainsi : 1° toutes les fois que l'action de la femme serait de nature à réfléchir contre le mari ; 2° toutes les fois que l'autorité maritale a été méconnue par la femme (art. 2256 et 1304).

Suivons toujours la même méthode, et voyons d'abord les applications.

1° L'immeuble a été usurpé par un *prædo* ou vendu par un tiers. Dans ces deux cas, les deux théories marchent d'accord ;

2° L'immeuble dotal a été vendu par le mari seul. Dans cette hypothèse, l'art. 1560 est dominé par l'art. 1599. Ce n'est pas la dotalité de l'immeuble qui rend la vente nulle, c'est la circonstance qu'elle a été consentie *a non domino*. Non-seulement le mari n'est pas propriétaire de l'immeuble, mais encore il n'a reçu ni de près ni de loin le mandat de l'aliéner. La prescription que le tiers doit accomplir est une prescription acquisitive, qui sera tantôt la prescription trentenaire, tantôt la prescription décennale ou vicennale. Mais quel en sera le point de départ ? Il faudra distinguer : si le mari est ou non garant de la vente. S'il est garant de la vente, s'il n'a pas déclaré à l'acheteur la dotalité de l'immeuble, ce sera la dissolution du mariage qui fixera le commencement de la prescription, car la revendication de la femme réfléchirait contre le mari ; dans le cas au contraire, où il y aura eu dans le contrat une déclaration de dotalité, il faudra se reporter à la séparation de biens.

Des principes qui précèdent, il résulte que cette dernière solution devrait être adoptée dans le cas où le mari est un donateur, à moins qu'il ne s'agisse pas d'une donation *dotis causa*.

3° L'immeuble a été vendu par la femme seule. L'aliénation qu'elle a consentie est frappée d'une nullité relative, à raison de son incapacité ordinaire (art. 1304). La prescription qui aura pour effet de libérer l'acquéreur de l'action en nullité ne pourra commencer à courir qu'à partir de la dissolution du mariage, conformément au droit commun.

4° L'immeuble dotal a été vendu par la femme autorisée du mari. Il ne s'agit pas alors d'appliquer l'incapacité ordinaire de la femme mariée. L'aliénation est annulable pour cause de dotalité; mais, contrairement à ce que décide le premier système, la prescription libératoire contre l'action en nullité aura pour point de départ la séparation de biens. D'une part, en effet, la femme a obtenu l'autorisation de son mari, et d'autre part son action n'est pas de nature à réfléchir contre lui. Pour nier cette dernière proposition, on pourrait peut-être alléguer que le mari doit être présumé avoir touché le prix (arg., art. 1450), et que dès lors il peut, de ce chef, être recherché par l'acquéreur évincé. Nous répondrions que la présomption légale établie par l'art. 1450 n'a d'application que dans les rapports des époux entre eux, et ne peut en aucune façon être invoquée par les tiers.

5° L'immeuble dotal a été vendu par la femme et le mari conjointement. La nullité relative résultant de la dotalité de l'immeuble se couvrira par dix ans à partir de la dissolution du mariage, car, le mari ayant contracté conjointement avec sa femme l'obligation de garantie, l'action de la femme réfléchirait contre lui.

Voici maintenant les raisons qui justifient cette doctrine et qui doivent lui faire donner la préférence sur l'autre.

Dans le projet du Code, l'imprescriptibilité était une conséquence nécessaire de l'inaliénabilité. Si cette idée avait été maintenue, les partisans du premier système auraient raison de prétendre que l'imprescriptibilité persiste comme l'inaliénabilité pendant toute la durée du mariage. Mais cette doctrine fut abandonnée définitivement sur les observations du Tribunat, qui fit remarquer, et avec juste raison, qu'à partir de la séparation de biens, la femme recouvre le libre exercice de ses droits, et que dès lors il n'y a aucune raison pour suspendre la prescription en sa faveur. Le 2e alinéa de l'article 1561 fut donc inséré dans le Code après coup, alors qu'il n'existait pas auparavant, et vint abroger la théorie projetée. Ainsi, dans le système qui a triomphé, la question de savoir à partir de quel moment l'immeuble dotal devient prescriptible, ne se rattache pas à la question de savoir à partir de quel moment il devient aliénable : Quand est-ce que la femme recouvre sa liberté d'action? Voilà ce qu'il faut examiner. Et voici pourquoi, lorsque la femme a violé l'autorité maritale, ou que son action serait de nature à réfléchir contre son mari, c'est la dissolution du mariage qu'il faut prendre en considération; car jusque-là, la femme se trouve dans l'impossibilité sinon légale, du moins morale d'agir. De cette façon se trouve réfuté l'argument tiré de l'inaliénabilité de l'immeuble dotal.

Quant à celui consistant à dire qu'il n'y a pas de ratification tacite possible, là ou la ratification expresse ne saurait être donnée, c'est là, croyons-nous, une assertion erronée. Un partage annulable pour cause de lésion de plus du quart, une vente rescindable pour cause de lésion de plus des 7 1/2 du prix total, voilà des contrats qui ne sauraient être expressément ratifiés (arg. 872 et 1674); et cependant si le copartageant ou le vendeur laisse s'écouler, soit le délai de dix ans, soit celui de deux ans, à compter du partage ou de la vente, la nullité se trouve couverte.

Enfin, quand l'art. 1560 dit qu'aucune prescription ne peut être opposée aux époux pendant toute la durée du mariage, il ne prévoit pas le cas de séparation de biens, puisque ce cas se trouve formellement prévu dans la phrase qui suit immédiatement.

---

# POSITIONS.

## DROIT ROMAIN.

I. Du temps des jurisconsultes classiques, le possesseur gardait les fruits par lui perçus de bonne foi avant la litiscontestation, sans être obligé de restituer les fruits existants.

II. Celui qui n'a pas été mis en possession de la chose à lui léguée, adjugée, mancipée ou cédée *in jure*, ne peut pas intenter la Publicienne.

III. On peut intenter avec succès la Publicienne sans être de bonne foi au moment où on l'intente.

IV. Du temps de la jurisprudence classique, le demandeur en revendication avait déjà le choix d'exiger la restitution *manu militari* ou la condamnation à l'estimation fixée par son serment.

V. Dans le droit classique, la Publicienne était accordée à celui qui avait la chose *in bonis* aussi bien qu'au possesseur de bonne foi.

VI. Les choses du pupille pouvaient être usucapées, pourvu que l'aliénation n'en fût pas défendue (*Nec obstat*, l. 48, *De adq. rer. dom.*).

VII. Celui qui a obtenu gain de cause dans une action réelle, et auquel la chose a été livrée sur l'ordre du juge, ne peut pas intenter la Publicienne en se fondant sur cette tradition.

VIII. Dans la loi 35, *De obl. et act.*, la Publicienne qui se donne *rescissa usucapione* est la Publicienne ordinaire.

IX. L'acheteur qui n'a pas payé le prix n'aura pas la Publicienne, à moins que le vendeur n'ait suivi sa foi.

## DROIT FRANÇAIS.

I. L'art. 2225 n'est que l'application du droit commun.

II. Le titre putatif peut servir pour la prescription de dix à vingt ans.

III. La prescription des servitudes continues et apparentes peut s'accomplir par dix ou vingt ans.

IV. Un jugement rendu au pétitoire peut servir de base à la jonction des possessions.

V. La prescription de l'immeuble dotal a pour point de départ la séparation de biens, à moins que la femme n'ait violé les règles de l'autorité maritale, ou que son action ne soit de nature à réfléchir contre le mari.

VI. Le tiers détenteur d'un immeuble grevé d'une servitude peut, en réunissant les conditions voulues, s'affranchir de cette servitude par la prescription de dix à vingt ans.

VII. Lorsque le propriétaire d'un immeuble le vend à une personne qui ne fait pas transcrire, et ensuite à une autre personne qui fait transcrire, le premier acheteur resté en possession pendant le temps voulu, peut opposer au second la prescription de dix à vingt ans.

VIII. Les intérêts d'un prix de vente sont soumis à la prescription quinquennale.

## DROIT DES GENS.

La capture d'un navire dans les limites du territoire maritime d'un État neutre est illégale, quand même le navire capturé aurait été rencontré en pleine mer et poursuivi.

L'état de possession, existant au moment d'un traité de paix, est maintenu, à moins de convention expresse du contraire.

## DROIT CRIMINEL.

L'action civile qui a sa source directe et immédiate dans le crime, le délit ou la contravention, se prescrit par le même laps de temps que l'action publique.

L'art. 2279 ne s'applique pas aux cas d'abus de confiance et d'escroquerie.

HISTOIRE DU DROIT.

Il faut chercher l'origine des institutions françaises dans les époques romaine et germaine, et non dans l'époque celtique.

Le régime municipal en France a une origine romaine.

*Vu par le Président de la Thèse,*
VALETTE.

*Vu par le Doyen de la Faculté,*
C.-A. PELLAT.

Permis d'imprimer :
*Le Vice-Recteur de l'Académie,*
ARTAUD.

www.ingramcontent.com/pod-product-compliance
Lightning Source LLC
LaVergne TN
LVHW020331230826
846091LV00003B/830
*9782016131046*